リュウ・ブックス
アステ新書

RYU
BOOKS
ASTI

帝国ホテル　サービスの真髄

国友隆一

はじめに

ものは使えば使うほど減っていく。
人に配れば配るほどなくなっていく。
ところが、不思議なことに、
心は使えば使うほど豊かになる。
人に配れば配るほど温かくなる。

それなのに、心をもののように扱っている人がいかに多いことか。
出し惜しみしているうちに心が貧しくなる。
心が冷えてくる。
荒涼としてくる。

そうではなく、心は大いに使うべきである。

多くの人に、できるだけたくさん、配るべきである。


それによって自分の心が豊かになる。

周りの人たちの心まで豊かになっていく。

自分の心が温かくなる。

周りの人たちの心まで温かくなっていく。


では、そのために具体的に何をどうすればいいのか。一つの道筋を示すために取り上げさせてもらったのが帝国ホテルのおもてなしだ。

思いやりや心遣《こころづか》い、心配りのキメ細かさは、日本人の伝統的な文化に根ざしながら、帝国ホテルのおもてなしは、現代の社会生活から生じるお客さまのニーズにも対応している。それは、日本人だからこそできるおもてなしのオーソドックスな展開であり、最もレベルの高いサービスの一つであるといっていい。

そういう意味からいえば、サービスの真髄がここにある。

だからこそ、世界の大統領、首相、首脳、王侯、国際的な著名人を誇りをもって受け入れ、また、そういう方々にファンをつくってきてもいる。

そういったVIPに対するサービスで培ってきたおもてなしの手法を、一般のお客さまのために還元《かんげん》してもきた。だからこそ、巨大なグランドホテルでありながら、高い客室稼働率を保っているのだ。


本書はホテルで働いておられる方々はもちろん、デパートほかサービスに関わるすべての方に役立つはずである。卸やメーカーの営業の方々にも読んでほしいし、なにより、業種を問わず、経営者にお勧めしたい。

サービスとは付加価値を提供することであり、それが経営における根本的な課題だからである。

また、具体的なシーンでどうしたらいいか迷ったとき、あるいは、選択肢がいくつかある中で、どう決断したらいいか迷ったときに、この本を参考にしていただければ幸いである。

サービスとは何か、その本質が分からなくなったとき、こんな仕事をしていていいのか、と悩んだとき、手にとってほしい。

生き方そのものは教えられないかもしれない。私は人生についての師ではないからだ。しかし、迷い、悩み、ときには人を傷つけ悔いた末の、いま現在の人としての在り方は示せる。

本書は、帝国ホテルのサービスに触れながら、その人としての在り方にも言及している。だから、どう生きていけばいいか、そのヒントになるはずだ。また、そうなることを願ってる。


もちろん、帝国ホテルでさえ当然ながら課題はある。せっかくなので、私の体験を通じて、その部分にもサービスを利用する側の視点で触れておいた。

これは、批判や非難ではない。激励である。

二〇一〇年九月吉日

国友　隆一

帝国ホテル　サービスの真髄■目次

第1章 トップであるために、挑戦者でありつづける

■極上をいかに「当たり前」にできるか

第2章

お客さまのために「自分」を確立しておく

■そのサービスに信念はあるか

第3章

厳しさを「やさしさ」でくるむ

■もののふの感性はあるか

第4章

お帰りから「お出迎え」は始まっている

■情報をつなぐ努力をしているか

第5章

「当たり前」という無意識を意識する

■美しさを見えない部分で支えられるか

第6章 伝統は乗り越えるために存在する

一流を迎える証を持っているか

編集協力／もみじ社

第1章

トップであるために、挑戦者でありつづける

——極上をいかに「当たり前」にできるか

お客さまとは何かを知る

――誰が自分を生かしてくれているか――

私たちは、人間として生まれてくるのではない。猿や狼でなく人間によって育てられることによって人間になるのだ。周《まわ》りが人間だからこそ、人間としての自分であることができる。人ならではの豊かさを享受《きょうじゅ》し、ものごとを深いところで感じ取り、細かいことにも気づき、多彩な体験ができる。

人間でいられるということは、他の生き物に比べ、それだけで贅沢《ぜいたく》なことなのだ。そうであるなら、自分を育ててくれた親や祖父母、先生、先輩や上司に感謝しなければならない。そういう中で、社会人として最も自分を生かしてくれているのは誰か。お客さまにほかならない。

経営者や社員としていただく給料はいうまでもない。会社はお客さまからいただいたおカネを分配するにすぎない。考えてもみよ。設立当初の資本金や借入金などは別にして、企業の経営は売上げの上に成り立っている。あなたが毎日のように使うテーブル、椅子、コピー機、エアコン、定期代、出張費、電話代、備品や文房具代、制服に至るまで、売上げの中から賄《まかな》っている。

給料によって家族を守ることができ、生活をエンジョイできるのも、ファッションを楽しめるのも、売上げがあることが前提になる。

その売上げとは、お客さまが支払われた代金の別名である。つまり、社員である私たちの生活の大半は、お客さまのおカネで成り立っていることになる。

そうであるなら、親に孝行するように、〝お客さま孝行〟も心がけるべきである。お客さまに対するサービスやおもてなしは、そのお礼なのだ。人間として当然すぎるほど当然のことである。

たとえば、帝国ホテルは『さすが帝国ホテル推進運動』を実施し、行動基準として九つの実行テーマを設けているが、その前置きで、

「私たちは生活の基準のすべてをお客さまに負っていることを認識し」

と明確にしている。

ただ明確にするだけではない。お礼の気持ちを強く持つ。それは、自然にお客さま

を敬《うやま》う気持ちに通じる。敬う気持ちが強ければ、自然に相手を立てようとする。だから、一歩距離をおく。「こうしたほうが喜んでもらえるにちがいない。快《こころよ》いにちがいない」とお客さまの気持ちを察し、さりげなくおもてなしをする。

たとえば、本館中二階に「オールドインペリアルバー」がある。メインレストランの「レ・セゾン」の裏側にあるこのバーは、創業時代の建物で、著名なフランク・ロイド・ライトによる設計で、繊細《せんさい》で格調高い大谷石《おおやいし》を使っていた頃の俤《おもかげ》を残している。

オールドインペリアルバーは常連客が多いことでも知られる。雰囲気が重厚でクラシックだからだけではない。居心地もよい。

バーテンダーはお客さまの注文があると、一杯目はグラスをお客さまの右斜め前におく。しかし、二杯目以降、おく場所をさりげなく変えることが多い。お客さまは無意識のうちに、自分で扱いやすい位置においで飲む。その飲みやすい位置を確認しておいて、二杯目以降、当たり前のようにその位置におく。

その対応があまりにも自然なため、お客さまは気づかない。何回か通ってから、あるとき、ハッと気づく。そういった振る舞いは客観的にみると凄いことだが、あまりにも振る舞いが自然なため、お客さまはそれを当たり前と感じてしまう。

お客さまとは何かを知る

お客さまを敬う気持ちがあれば、
自然に相手を立てようとする。
そうすると、
自然にお客さまの生活リズムや行動パターンに沿いながら、
おもてなしをするようになる。
その振る舞いが、
お客さまの生活のリズムや行動パターンに沿っているため、
お客さまはそれと気づかないまま、もてなしを受ける

努力をしない、〝当たり前〟をする

――習慣化するから自然に振る舞える――

人間はいつも矛盾する心理を抱えている。

努力したいと考える一方で、怠《なま》けたいとも思う。

成長したいと思いつつ、このままでいいとも考える。

愛情を持ちつつ、ときには忌《い》まわしく感じる。憎むことさえある。

そんな自分の気持ちにあとで後悔し、愛《いと》しさがさらに増したりする。

どう行動するかは、その時々の決断で決まる。どう行動しつづけるかは理性や知性で決まる。

意識して決断しない場合、どう行動するかは習慣によって決まる。

日頃からどういった価値観を持ち、どう行動するか、特定のパターンができていると、それがその人の人間性になる。同じような素質を持ちながら、いつの間にか身についた習慣によって、一方は自堕落《じだらく》になり、一方は明るく意欲的になったりする。

たとえば、挑戦することが習慣になると、目の前の坂を登ろうとする。坂が尽きると、自分で斜面をつくってでも登ろうとする。

周りにそういう習慣を身につけた人が多くいると、自分もそういう習慣を身につけやすい。

帝国ホテルの例でいうと、サービスやおもてなしに、努力を感じさせない。それでいて、非常にレベルが高い。

それは、帝国ホテルの従業員が、自分は努力しているとか挑戦しているなどと思っていないからである。お客さまが凄いと感じるサービスを従業員は当たり前のこととして行なっている。

たとえば、室温だ。

お客さまが北海道や東北から、海外ならスウェーデンやノルウェー、カナダなど寒い地域や国からおいでになった場合、少々、低めに設定しておく。ブラジルやペルー、メキシコ、インド南部、インドネシアなど暑い地方からおいでの場合は、少し高めに設定しておく。

現住所が東京である私が、九月に泊まった際、「二四度にしておきましたので、もし、よろしかったら、あとで調整してください」と説明を受けた。

お客さまの持ち物を、荷物や身の回り品という名の「お客さま」として大切に取り扱う、という点もそうである。丁寧《ていねい》というより丁重《ていちょう》に扱っている。また、ハンガーを数多くロッカーにおき、その中には、質のよい布地のハンガーも入れておく。

さらに、ドアマンは三〇分ごとに白手袋を換えている。だから、いつもおろしたてのように白い。それは帝国ホテルのドアマンにとって当たり前の行動なのだ。

ドアマンは皇居側にある正面玄関とタワー館の出入口の二カ所で対応しており、白手袋は各々の待機室に用意してある。

実際、待機室には、洗いたての手袋を入れる大きな袋がフック掛けにしてある。七、八〇双《そう》入っているという。そこから自由に取り出して使う。一日四、五〇双、二カ所で八〇～一〇〇双使う。

使用後は、専用ロッカーに入れておけばいい。毎日、ランドリーの担当者が洗いたてと交換してくれる。

努力をしない、〝当たり前〟をする

努力や挑戦すること自体が体質になるまで、
続けるべきである。
それが、特別なことであるかぎり、進歩は小さい。
努力や挑戦をしないと苦痛を感じるようになったとき、
目に見えて進歩し始める。
サービスやおもてなしがキメ細かさを増す。

ムダをムダに終わらせる。それが〝ゆとり〟となる

――準備を重ねることでミスを防止――

努力することは誰でも自由にできる。

挑戦することは奨励《しょうれい》されている。

努力しすぎたり挑戦しすぎて体をこわしかねない場合以外は、「なんで努力するの？」と周りが眉を顰《ひそ》めることはまずない。

そのせいか、努力、挑戦する人は多い。ただ、多くの人は中途半端なのだ。そして中途半端に努力する人にかぎって、「努力している」と自己満足に陥《おちい》りがちだ。また、努力、挑戦しても願望が達成できないと、そういう周りの状況に恨《うら》みを抱く。努力の程度や挑戦の方法を変えようとしない。

一方、真剣に徹底して努力する者は、求める結果が出ないと、自分のふがいなさに悩む。自分を責める。努力の程度や挑戦の方法を見直す。

しかも、そういった努力や挑戦をするのが、人間として当たり前すぎるほど当たり前と思っている。

帝国ホテルの場合、ことさらに、お客さまの前で努力したり挑戦したりしない。それは、お客さまをおもてなしする前の段階ですませている。

ルームサービスを例にとろう。

帝国ホテルのルームサービスは、レストランの実際の客席で食事をしていただくのと同じレベルの味や雰囲気づくりを行なっている。

そのために、朝、すべてのワゴンのテーブルクロスの上に使わないコーヒーカップをセットしておく。

なぜ、使わないものを載せておくのか。それにコーヒーカップはふつう、使うのではないか、という疑問がわき起こる。

朝のルームサービス用のワゴンのセッティングは、前の夜から始めている。

朝六時にはほぼ完全にセットを終えておくためだ。そうしないと、七時半から八時半に集中する予約に対応できない。通常、朝のルームサービスの予約は本館、タワー館合わせて百数十件ある。

そして、実際に料理ができ、所定の位置に並べ、お客さまの部屋へ出発する前に、事前にセットしておいたコーヒーカップを温めておいたものと取り換える。このような手順を踏むのは、忙しさに紛《まぎ》れてカップをセットしないまま出発してしまう恐れを取り除くためだ。

また、セットに手落ちはないかどうか、お客さまのお部屋にお持ちする前に四回確認している。事前の確認、出発前の確認、部屋の前での確認、お客さまを目の前にしての確認である。最後の一回は、オーダーカードと料理を一つひとつ照合しながら確認する。

このようにミスを犯さないように何重にもチェックすることで、お客さまにゆったりした優雅な気持ちで味わっていただけるのだ。

帝国ホテルの従業員も忙しいときでさえ、心まで慌《あわただ》しくならないですむ。心に余裕を持って努力できる。

ムダをムダに終わらせる。
それが〝ゆとり〟となる

ムダに終わるとわかっている手間は省《はぶ》くべきである。
それが効率につながる。
しかし、慌《あわただ》しい中でミスをしないためには、
心のゆとりが必要だ。
そのためには、ムダとわかっている作業でさえ、
真剣に取り組まなくてはならない。
ムダをムダに終わらせることで、
ミスの防止に大きく貢献できる。

百引く一はゼロである

――目指すはモレのない高レベルのサービス――

帝国ホテルのかつての犬丸一郎社長は、「百引く一はゼロである」と言っていた。サービスを点数化したらそうなる、ということだ。それほどサービスの完璧さを求めた。ホンダの創業者である本田宗一郎は一二〇点を追求することを求めた。一〇〇点を求めると一〇〇点を実現できない。車でいえば、一〇〇台のうち一台でも瑕疵《かし》があれば、その車を買ったお客さまからみればゼロ点にしか見えないと強調した。

つまり、帝国ホテルにとって一〇〇点が当たり前であり、そうなるよう創意・工夫したり、努力することも当たり前ということである。

ただし、一〇〇点といい、当たり前といっても、人により企業により基準が異なる。ホテル業界の常識的、標準的なレベルなのか、最も高度でキメ細かいサービスを基準にして、それを当たり前として受け入れているのか。

帝国ホテルは、他の業界のサービスを含めて最も高いレベルを目指していることはいうまでもない。しかも、そのレベルの当たり前を、日々、時々刻々、展開するために肩肘を張ったり眦《まなじり》をけっしてはならない、と考えている。

心にゆとりを持ち、自然なゆったりとした笑顔で、キビキビと素早く動く。それでいて品の良さを感じさせなくてはならない。それが帝国ホテルの当たり前なのだ。

そのためには、お客さまがお客さまとして行動されるパターンを微細な部分まで細かく洗い出し、その（洗練された）お客さまの立場、姿勢、目線、振る舞いに立ってどうすれば快く過ごしていただけるかを考え、実行する。

お客さまが宿泊されない部屋でも、毎日、必ず点検するのもその一つである。ベッドメーキング、水回り、照明を含めた電気、空調、ゴミの有無、クリンリネス（そうじ）の点検など……。空気を入れ換えるのはもちろんだ。その後、点検係がもう一度、チェックする念の入れようだ。排水の調子が悪いとか、悪臭がするといったことで、お客さまが不快な思いをされることがないよう、事前に修繕しておく。

さらに、年一回、ワンフロア単位で一週間ずつ一斉に客室を点検している。

その間は、そのフロアの客室の営業を閉める。

一方で、お客さまが連泊される場合、お客さまの部屋の使われ方に合わせ、その癖を捉えて、癖に合った配置にする。ベッドメーキングであれば、どのベッドを誰が使い、寝相《ねぞう》はどうなのか、独りで宿泊された場合、どのベッドを使い、寝相はどうなのか、それに合わせてベッドメーキングする。それが当たり前として習慣化している。

九〇〇以上の客室（正確には九三一室）を持つグランドホテルでありながら、サービスの質が高い、といわれているのはこういった理由による。ただ、私がタワー館二九階に泊まったとき、スタンドの六〇ワットの電球が一個切れていた。ロビーから私の鞄を持って案内してくれたゲストサービス（ベルマン、ベルボーイのこと）が、私の目の前で一個ずつつけてくれたが、一つだけ反応しなかったのである。

すぐに客室係に連絡し、担当者が電球を持ってきてくれた。さすがに、反応が速い。しかし、男性の客室係から謝罪の言葉を聞くことはできなかった。少なくとも、私が見逃す程度にしか謝罪していなかった。宿泊客からすると残念でならない。

帝国ホテルのように、点検に点検を重ねても、点検漏《も》れは出てくる。あるいは、点検した後に、電球が切れるということもありえる。そういう場合の、お客さまへの対応についても、考えておく必要があるのではないだろうか。

百引く一はゼロである

人間だから、ミスやハプニングが起こるのは当たり前。
そう思って、ただお客さまに寛容さを求めるのか。
そう思って、できるかぎりの対応をしておくのか。
前者の場合、ミスはさらに広がる。
後者の場合、常にお客さまの気持ちになって、
自分の対応を考えるようになる。

マナーを押し付けない礼儀

――〝格式〟にこだわらない応対――

同じ当たり前のサービスでも、以前といまではその内容が変わってきていることが少なくない。

たとえば、フランス料理である。かつて、フランス料理をいただくマナー教室が盛んに開かれた。女子高生や女子大生を対象に、実際に食事をしながらマナー教室を開くことも少なくなかった。コース料理のどの時点で、どのナイフ、どのフォーク、どのスプーンを使うのか。そのこと一つをとっても迷ってしまう。途中、手をすすぐためにに出てくるボールの水を飲んでしまったというエピーソードは、いろんなところで語られている。

それでも、フランス料理に箸《はし》を使うなど考えられなかった。マナーのほうを優先していたからだ。不器用な私などは緊張しながら、左右や前の人の様子を見ながら見様見真似で食べた。あとで味を思い返そうとしても、うまく思い浮かばなかったりする。

しかし、しだいに箸もあり、というように変わってきた。それでも、お客さまのほうから、箸で食べたい、とは言いづらい。そういう一昔前の時代から、帝国ホテルは宴会や結婚披露宴などの席で、フランス料理のコースといっても、希望があればさりげなく箸を用意してきた。

部屋着にしても同じである。かつてはバスローブだけ用意していたが、現在は浴衣《ゆかた》も用意している。どちらか好みのほうを選んでもらうためだ。外国人客でも浴衣を好むことが少なくない。ましてや日本人なら浴衣のほうがしっくりくる。

その浴衣をかつて、ベッドの上に用意しておいた。しかし、使わない場合、かえって邪魔になる。そこで、引き出しの中に入れるようにした。その際、お客さまが数ある引き出し、あるいはクローゼットを探さないですむよう、浴衣の入った引き出しを、少しだけ開けておくようにしている。

帝国ホテルは格式のあるホテルだからといって、マナーを優先させることはない。ましてやマナーに不慣れなお客さまや不器用なお客さまを侮蔑《ぶべつ》することなどない。

心からお礼するためのおもてなしである以上、そんなことはありえない。

マナーを押し付けない礼儀

無意識のうちに、お客さまを格づけしていないか。
自分より格下だと判断すると、
心のどこかで軽んじてはいないか。
そんな心は、世間の垢《あか》で汚れている。
心が清潔でなければ、
お客さまをおもてなしする資格はない。

心遣いには人間味を残す
――自分なりの個性を失ってはならない――

自分の手足を動かす際、その手や足に気兼ねする人はいるだろうか。たとえば、「ごめん、荷物が重いけど我慢して。あとでゆっくり休ませてあげるからさ」「階段、登るよ。辛いけど、自分のためなんだからさ!」などと自問自答する人はまずいない。実際、自分の手足に声をかけていたら、周りから憐《あわ》れみの目で見られるだろう。

帝国ホテルが目指すサービスは、お客さまの体の一部、少なくとも分身、そう思ってもらえるほど自然になじんでもらうことだ。手足は特に意識して指示、命令しなくても本人のために動く。それと同じようにお客さまの立場にたって、自然な流れの中でおもてなしする。

さりげない、というのではまだ十分といえない。それさえ感じさせないほど、お客さまの挙手《きょしゅ》や振る舞いの一部にまで溶け込む。帝国ホテルはそういうサービスを求めている。それでいながら、高度で洗練され、上品であることが条件だ。

お客さまに息がかかるほど近づかないように配慮しているのも、そういった表われの一つである。身だしなみについても、センスをより輝かせるようなおしゃれは望ましいが、自分の個性を強調するようなおしゃれは避けるようにする。

よくホテルマンは男性にしろ女性にしろ、「中性的なほうがいい」といわれる。しかし、それではあまりにも人工的すぎる。不自然だ。中国の纏足《てんそく》を連想してしまう。

個性的であっていい。それどころか個性的でなければならない。そうでなかったら人間性、人間味が抑圧される。従業員の名札も個人名でなく、「A」「B」「C」「D」などと記号にしたほうが似つかわしくなる。

ただ、生臭《なまぐさ》さを消すことが必要なのだ。おもてなしの方法、心遣いの中で生臭い部分を自分で調理し、その手法、方法の中で自分らしさを発揮する。見た目の動作で個性を発揮するのではなく、おもてなしするための行動、手法で自主性、主体性を発揮する。そこに自分らしい個性を発揮する。

それなら、従業員のその人らしい人間味、人間性はお客さまに煩《わずら》わしさや不快感を与えない。それどころか歓迎される。

心遣いには人間味を残す

よく、
「サービスをするスタッフは中性的になれ」
といわれる。
しかし、それは「人間味を殺せ」というに等しい。
むしろ、逆である。
人間味を出してこそ、
お客さまと本当のコミュニケーションがとれる。

心に触れる手間を省かない

――一人ひとりのニーズに応えるために――

　とかく、私たちは敬う相手を敬遠しがちだ。どうしても気おくれしてしまう。肩が凝《こ》る。知らず知らずの間におもねってしまいそうで、そんな自分に腹が立つ。そうなる状況が忌々《いま》しい。

　しかし、表面的に敬っているからそうなる。

　素直に、心の底から敬っていれば、なるべく接したくなる。そうすることで、敬う相手の人間性に触れたり、知識や技能を身につけたりしようとするはずだ。敬愛といえる。

　敬遠は、お互いの関係をなるべく形式的なものですませようとする。敬愛はできるだけ直接、心と心で触れ合おうとする。

　最近、ロビーや階段、エレベーター、玄関など至るところに館内の案内を表示しているホテルが増えている。ポールやプレートはおしゃれで、初めてそのホテルを使うお客さまにはありがたい。

ところが、帝国ホテルでは案内表示がじつに少ない。非常口のほか必要最小限しか掲示していない。それでいて、本館とタワー館があり、連絡通路一つとっても分かりづらい。

だから、館内の案内表示をもっと増やしてほしい、というのではない。もっとロビーアテンダント（各階専門に案内する従業員）を増やすというのはどうか。

帝国ホテルはものを介してのサービスより、人と人とのダイレクトなおもてなしにこだわっている。

人を省略して、ものにおき換えてサービスするのではなく、一人ひとりのお客さまのおかれている状況に合わせて、キメ細かく応対するようにしている。

案内表示による誘導は、お客さまのニーズをマスとして捉えている。そうではなく、似ていても、一人ひとり、その時々で、お客さまのお求めになっているものは千差万別である。

その一つひとつに十二分にお応えするには、ダイレクトなコミュニケーション以外にない。そう信じている。

つまり、敬愛である。

では、なぜ敬うのか。

一つは、自分たちの経済的基盤をお客さまによって支えてもらっているからである。

そして、もう一つは、お客さまによって教えられることが多いからである。

それどころか、友人や知人、親戚以上の存在といえるのではないか。なぜなら、スタッフはお客さまの分身だからである。

だから、仮にホテル側のミスで怪我を負わせたりしたら、見舞いに行くだけでは十分といえない。看病するくらいの心づもりが必要だ。着替えをお持ちしたり、洗濯するといったことも含む。

身内以上の存在になる。

それが理想だ。

心に触れる手間を省かない

人によるおもてなしを省略して、
ものに置きかえていないか。
それは、お客さま一人ひとりの心に触れる手間を省いて、
お客さまをマスと捉えることにつながる。
それは、効率化という名の退歩である。
手間のかからないおもてなしなど、
この世に存在しない。

一手先のお客さまを考える

——お客さまの喜ぶ顔から逆算する——

敬愛するのは恩師や上司、先輩だけとはかぎらない。同僚や友達ということもある。敬愛する相手がライバルということもある。恋人ということもある。

その敬愛する人に心から喜んでほしい。真剣にそう想い、どうすればそうしてもらえるか考えつづけると、想像力が豊かになってくる。論理的な力がついてくる。情感が溢れてくる。思いやりが深まる。人柄に輝きが増す。

ホテルは、そういった関係をお客さまとの間にビジネスを介してつくる場である。帝国ホテルでいえば、たとえば、ルームサービスだ。熱いほうがおいしいものは熱いうちに、冷たいほうがおいしいものは冷たいままで、客室にお届けする。

しかし、厨房は本館中二階にある。そこからワゴンを使って客室へお届けする。だから、タワー館だと急いでも五分以上はかかる。

そのため、客室にお届けした段階でおいしさが保たれているよう逆算して、次のような措置をとっている。

①食器　保温力のある厚めのボーンチャイナを使う。

②カップやソーサー（皿）　直前まで食器ウォーマーで温める。

③温かい料理　できあがりしだいすぐ盛り付け、料理カバーをつけて速やかに運ぶ。

④冷たい料理　冷蔵庫で冷やしたグラスやソーサーを使う。

ここまでなら、ある程度できる。

帝国ホテルではさらに、客室のルームナンバーを見て、ワゴンのスタート地点であるステーションからどれくらいの距離があり、どれくらい時間がかかるか計算し、時間がかかる場合、カップやソーサーを特に熱くしておく。一番遠いような場合、やけどしそうなくらい熱くしておく。

お客さまの目の前にお運びしたとき、最もおいしい状態にしておく、少なくともそれに近い状態にしておくには何をどうすればいいか、そういったことを考える。考えつづけているうちに、想像力や論理性が養われていくのだ。

一手先のお客さまを考える

想像力は、鳥の翼《つばさ》、魚の鰭《ひれ》、木の緑、花の雄蕊《おしべ》や雌蕊《めしべ》に当たる。
それなくして、心を込めた温かいおもてなしは成り立たない。
翼があるから翔《と》ぶことができる。
鰭があるから泳ぐことができる。
緑があるから生長できる。
蕊があるから仲間を増やせる。
想像力があるから、そして、それを活かすことによって、
人間が人間たりえる。

第2章

お客さまのために「自分」を確立しておく

――そのサービスに信念はあるか

価格は感動に見合う

――少々値段は張っても、価格以上のおもてなし――

感情は不思議な存在である。

幸せと感じる。これは誰でも自分の中で感じるものだ。これに対し、自分の体と離れて木の上で感じる、鳥の中に感じる、果実の中で感じる……そういう人は一人もいない。

それでいて、幸せという具体的な対象があるわけではない。つまり、抽象的な概念に属す。そのせいか、どういうとき幸せに感じるか、じつに多様だ。

タンポポ、バラ、ヒマワリなど花を見ただけで幸せに感じる人もいれば、カネを手にするとき以外、幸せを感じない人もいる。恋人や夫、妻、子供、家族、友人、知人のちょっとした幸せを自分の幸せと感じる人もいれば、愉快《ゆかい》犯のように人の不幸を目にしないと幸せを感じない人もいる。

これは喜怒哀楽についても、すべて同じようにいえる。人によって千差万別だ。

ところが、国や地域、市町村などの集団になってくると一定の傾向が出てくる。たとえば、大半の日本人は温泉好きで、温泉に入ると幸せを感じる。露天風呂や貸切風呂ならなおのことだ。

満足する、感激、感動するという感情についても同じことがいえる。一定の傾向が出てくる。

そこにビジネスが介在するとどうなるか。支払うべき料金と受けるサービスとの比較で決まってくる。

一泊二食つきで五〇〇〇～六〇〇〇円のホテルと、一泊食事なしでシングル八〇〇〇～九〇〇〇円、ツインのシングルユースで一万二〇〇〇～一万三〇〇〇円のホテルのどちらかに泊まるか。つまり、どちらに泊まったほうが満足度が高いか、という判断になる。

ふつう、和室は洋室より料金が高い。

しかし、和室のほうが安い場合もある。料金が極端に安い和室の場合、畳も布団も湿気と脂《あぶら》がしみついていかねない。安普請《ぶしん》の上、壁にも設備、什器《じゅうき》にも垢がしみついている。食事はまずい。その味はまずさを競うオリンピックがあれば金メダルをとれそうだったりする。

一方、一万円以上するホテルは清潔でゴミ一つ落ちていない。客室も四〇㎡以上と広めであるのがふつうだ。多くはインターネットも使える。

ところが、一泊食事なし、一万円以上のホテルでも、ツインとは名ばかりでシングルの広さにベッドを無理矢理押し込み、足の踏み場がないようなホテルもある。

私は、仕事柄、地方へよく出かけ、いろんなホテルでいろんなサービスを体験してきたが、価格に対し満足度がかなり低いホテルは少なくない。もちろん、そのようなホテルには二度と泊まる気にはならない。

さらに常宿として利用するのであれば、料金そのものの水準も重要である。帝国ホテルの場合は、どんなに低くても一泊三万五千円前後だ。

これはホテルニューオータニやホテルオークラでも似たようなものだ（いずれも東京の価格）。外資系はもっと高い。最低でも一泊五、六万円台、中には七万円台だったりする。格安料金の海外ツアーだと、参加して戻ってきてもお釣りがくるような値段である。

それでも、こういった高級ホテルの客室稼働率は高い。

帝国ホテルの場合、最近でいえば七〇％後半から八〇％前半くらい。好景気時の八〇％台だった頃に比べれば低下している。しかし、九〇〇室以上の客室でありながらこの稼働率は高い。外資系でもっと稼働率の高いホテルもあるが、客室は三〇〇〜四〇〇室台である。国内で帝国ホテルより客室の多いホテルの場合、客室稼働率は五〇％ほどでしかない。

客室稼働率が七、八〇％台ということは、リピーターや常連客が多くないと出てこない数字である。つまり、一泊三万五千円以上でも満足しているお客さまがたくさんいるということだ。インペリアルルームなら、最低でも四万五千円である。スイートなら一〇万円以上だ。

これだけの料金を払っても十分満足している。それどころか、感謝、感激し、繰り返し利用しているお客さまが多い。

ただし、帝国ホテルではさらに稼働率を上げるため、最近では割安な料金を設定して販促活動をすることもある。

価格は感動に見合う

お客さまとは、なんとありがたい存在だろう。
高い料金を払っても、
それ以上のおもてなしをすれば、
満足してもらえる。
感謝、感激し、また利用してもらえる。
それほど明瞭なことを、
見逃していることがいかに多いことか。

誰もがプロに徹するべき

――あらゆるサービスを芸の域にまで高める――

信念を持つ、その大切さを私たちがことさらに強調するのは、それを持ちつづけることがむずかしいからである。持つことは簡単かもしれない。しかし、持ちつづけて、実際に追求することはむずかしい。禁煙は簡単だが、それをつづけるのはむずかしい、というのに相通じる。

なぜ、信念を持ちつづけにくいのか。その理由として、一つは、その信念を実現するのがむずかしいからである。二つ目は新しい刺激を受けると、それに影響されて別な信念に乗り換えかねないからだ。三つ目は周りの人たちの信念を気にして、心が揺れ動きやすいからである。

私たちが自分に自信を持っている場合、多くは周りの人たちに依拠《いきょ》している。周りが評価してくれたり、賞賛してくれる人たちがいることで、初めて自信を保つことができる。逆のケースを考えるとわかりやすい。軽蔑、蔑視、さげすみ、あるいは無関心に取り囲まれながら、自信を持つことがいかにむずかしいか。ひがんだり、いじけたり、暗くなったりする。ときには自殺をすることさえあるではないか。

多くの賞賛を受けながら、自分に自信を持つことができるのは、幸せな自信といってよい。さげすみの目で見られながら自信を持ちつづけるのは、水のない砂漠で花を咲かせるようにむずかしい。

職業についても、これはいえる。役者や大道芸人などは、かつて河原乞食《かわらこじき》といわれていた。それでも好きだからと、親の反対を押しきってその道を選んだ人たちは信念の人といえる。人になんといわれようと、自分の芸を磨くことで、自信を身につけた。

靴磨きという職業に対し、あなたはどんなイメージを抱くだろうか。心のどこかで軽くみていないか。私自身、そうだった。本人は顔や手、作業着、靴を載せる床机《しょうぎ》台、磨く布、どこもかしこも靴墨《くつずみ》だらけにしながら、靴の汚れを落としている。屈《かが》みながら人の足元に気持ちを集中している。汚れを落としてわずかなおカネを得ている。卑しいとはいわないが、誰にでもできそうな仕事だ。そう思っていた。

帝国ホテルは元々、外国のＶＩＰを来賓客としてもてなす施設として明治時代につくられたものだ。その伝統はいまに受け継がれている。だから、外国の大統領や首相、要人、有名な大物俳優、ミュージシャンなどが滞在することが多い。

そのホテルの地下一階に靴磨きのブースがある。その靴磨きの職人は軽んじられているどころか、尊敬されている。各国の要人や有名人を含め尊敬をかちえている。たかが靴磨きと思われがちな職業を一つの芸にまで高めてきたからだ。周りから注がれる既成の評価に流されず、靴磨きにこだわってきたからである。

帝国ホテルには、「靴磨きなどイメージがわるい、だから、おかないようにしよう」といった姿勢はない。お客さまに気持ちよく、くつろいでもらい、快適に過ごしてもらい、心身ともにリフレッシュしていただいてからお見送りしたい、という強いコンセプトを持っている。そのために必要だから靴磨きのサービスも行なう。

世界の国々で、レベルの高いサービスを当たり前のように受けていらっしゃるお客さまに満足してもらう、それ以上に感激、感動してもらうには、靴を磨くというサービス一つとっても、なまじの対応では不十分ということだ。

そういう意味では、職場の環境が職人を育てたといえるし、本人のプロ意識が靴磨きを芸にまで高めたといえる。

誰もがプロに徹するべき

周りから軽視されているからと卑屈《ひくつ》になっていないか。
卑屈になると、一生、卑屈のままで終わる。
影響されずに、それを芸の域にまで高めれば、
周りから尊敬されるようになる。
卑屈に生きる者は、外見はどうあろうと、
基本的には受け身で生きている。
外見は謙虚でも、たじろがずに生きる者は、
周りの状況を変えるチカラを持っている。

仕事を〝芸〟に高める

――自分の仕事への徹底したこだわり――

帝国ホテルで靴磨きを芸の域にまで高めたといえるのは、〝きんちゃん〟だ。なじみのお客さまからそう呼ばれている。地下一階でもう三十五年以上、靴磨き一筋でやってきた。

きんちゃんは、「さすが帝国ホテル推進運動」で、二〇〇四年度、ホテルの従業員以外で初めて最優秀賞を受賞した。靴磨きのきんちゃんを賞の対象にしているところは、いかにも帝国ホテルらしい。

きんちゃんによると、木に木目《もくめ》があるように革には革目というものがあるという。その流れに沿って塗っていくと、スムーズに靴墨をすりこんでいける。

また、独自に開発したスピッツシャインという技も使っている。ポイントポイントで布に数滴、水をたらしてから磨くのだ。

スピッツとは「唾をはく」という意味ではないか。なんとも不潔なイメージだ。正直、私も一瞬、心が引いた。

では、どうしてこんな言葉を使っているのか。きんちゃんは、若い頃、米軍キャンプのルームボーイをしていたとき、キャンプの兵隊が靴墨に自分の唾を混ぜて磨いているのを目にし、それをヒントにしたからだという。

そのアメリカ兵に敬意をこめているのだ。体裁にこだわらない、職人気質もあるだろう。また、実際は水を使っているからでもある。

磨くために使う布にもこだわりを持っている。サラシや浴衣地など、何度も使われて使い古され、どこにも芯がなく、やわらかくなっているものしか使わない。それも、綿一〇〇%のものに限っている。革と相性がいいからだ。

そういうきんちゃんのこだわりを知っている常連客だと、自分たちが使いこんだものを持ってきてくれるという。

さすがに磨き方も違う。スピーディでいながら各駅停車型だ。つまり、磨き方は素早い。しかも、爪先、甲、脇、後部へと七、八割ずつ磨いていく。最初から全体に靴墨を塗るという一般的な方法とは無縁だ。

なぜ、そうするのか。どの部分にどれだけすりこんだか、正確に確認しながら進めていけるからだ。

それだけ神経を使っているから、当然、ブラシは基本的に使わない。靴底の周辺に例外的に使うだけである。

最初に靴全体を入念に磨く。そして布に靴墨がなくなったら、布をおく。

きんちゃんによれば、「お腹いっぱいになりました」という靴の意思表示だという。

この言葉を『日経おとなのＯＦＦ』（06年12月号、銀座特集、帝国ホテル　シューシャイン）の記事で目にし、実際にきんちゃんのところへ行って靴を磨いてもらい、確認したところ、その通りだった。

お客さまの革靴をまるで、心の通った友達のように扱っている。実際、革は加工してあっても生きているという。「呼吸しています」という。

そのため料金は八〇〇円、コンビ靴（二色タイプ）一〇〇〇円と通常より高いにもかかわらず、多くの常連客を抱えるようになった。一日中、墨を扱っていながらきれいなところも他とちがう。手にも墨がついていない。

同じようにキャピトル東急の源ちゃんも、靴磨きを芸にまで高めたことで有名だ。

靴をピカピカに磨くだけではない。源ちゃんは、革を保護するために何をどうしたらいいか、研究に研究を重ねてきた。

靴クリーム一つとっても数十種類、常時、用意している。その各々の性能について精通している。皮革の種類やブランドの持つ特色によって使い分ける。ドイツ、イギリス、イタリア、アメリカなど各国別のブランドがある。当然、それらの国の靴クリームも用意している。

市販のものでは合わない場合もある。そういうときは、クリームを混ぜて自分で納得のいく色をつくり出す。

こうなると画家ではないか。それも独自の画風を確立した画家といっていい。お客さまの靴はキャンバスだ。

なお、キャピトル東急は、二〇〇六年一一月に閉じたため、源ちゃんはホテルオークラ（東京）に移った。二〇一〇年一〇月、ザ・キャピトルホテル東急として営業を再開したが、源ちゃんは引き続きホテルオークラで元気に靴を磨いている。

仕事を〝芸〟に高める

知らず知らずの間に、
世間の目に合わせて自分を見、評価していないか。
それでは、他人の価値観に沿って、
自分の人生を生きるに等しい。
それで尊敬されても喜んではならない。
本当ではない自分を喜んでいることになる。
自分を取り戻せ。
そこがスタート地点だ。

感動・感激を自らの肌で知る

——感動を知る者だけが感動を与えられる——

お客さまに、感激、感動を与えるようなサービスの提供、おもてなしを掲げる企業はじつに多い。それと同じくらい、その言葉が空洞化していることが少なくない。なぜなら、満足、感激、感動するということは感情の一種であり、曖昧模糊《あいまいもこ》としている。そこで、「商いは科学である」「サービスは科学でなければならない」ということで、お客さまに満足、感激、感動を与えた結果としての売上数値や顧客満足度を目標に設定したりする。それ自体、大切なことである。しかし、現場の当事者や責任者からみれば、どうすればそうなるかという道筋が霧の中に閉ざされたままだ。

どうすればお客さまに満足してもらえるか。それ以上に感激、感動してもらえるのか。それを知るには、まず、自分が感激、感動するようなサービスやおもてなしを受けることだ。体験して自分の心の内から思わず感激、感動すれば、「こうすれば、お客さまに感激、感動してもらえるのか」ということを肌で感じることができる。

静岡県のあるSS（サービス・ステーション＝給油所）では、毎年一回、従業員を超高級旅館に招待しているが、これも同じ理由による。

帝国ホテルでは、従業員にお客として泊まってもらう体験を課している。お客さまの目線でサービス、おもてなしのあり方を考えてもらうためだ。提案もしてもらう。これは一方で、帝国ホテルの高度で洗練されたキメ細かいサービスを体験し、お客として満足、感激、感動を味わい、それによって、どうすれば満足してもらえるのか、を肌で知ることにつながる。

ふだん、低いレベルのサービスやおもてなしを受けていると、それよりちょっと高いだけで感激、感動し、お客さまにもそのレベルのサービス、おもてなしをしようとする。

その点、帝国ホテルは、一般からみて高い料金であっても、それ以上のレベルの高いサービス、おもてなしをしているから、実際にお客としてサービスを体験することによって、どうすれば、そのレベルのお客さまに感激や感動を与えることができるか、肌で理解できるといっていい。

感動・感激を自らの肌で知る

低いレベルのサービスしか体験していないと、
レベルの高いお客さまは、
どういうとき満足し、感謝、感激してくれるのか、
雲を掴むようにしか感じられない。
自分で身銭を切ってでも、そういう体験をしよう。
それによって体の内側から、どうすればいいか見えてくる。
そうすれば、適切に対応できる。

感動よりも深い満足感

——派手さとは無縁のオーソドックスなサービス——

帝国ホテルは一般のホテルに比べ宿泊料金が高い。それなのにリピーターや常連客が多い。ファンもいる。巨大なホテルなのに客室稼働率が高いのはなぜなのか。

それは、帝国ホテルのサービスやおもてなしには、感激や感動より深い満足感というものがあるからではないのか。客観的にみれば凄いサービスなのに、それを当たり前すぎるほど当たり前のこととしてこなし、お客さまも当たり前のこととして受けとっている。

ふつう、満足より感激、感動のほうが感情として強い印象を与えるから、感激や感動を演出したほうがお客さまはファンやリピーターになる、と考える人が多いのではないか。

私自身、最初はそのように考えた。帝国ホテルも、「お客さまからの評価は、お客さまが受けた感動の対価であり、帝国ホテルの業績そのものでありますす」「お客さまの感動を自らの感動とする者だけが、帝国ホテルのスタッフとしての評価を受けられるのです」と、その行動基準である『さすが帝国ホテル推進運動』のプロローグで述べている。

しかし、感激や感動は刺激の強い酒のようなもので、印象には残っても、何度も繰り返し利用するという行動には必ずしも結びつかない。むしろ、さりげなく、当たり前のこととして心の中に染み込んでくる満足感のほうが、いつの間にか常連客になる本当の理由ではないだろうか。

このような深い満足感を与えるサービスが提供できるのは、お客さまのふだんの立ち居振る舞いの習慣や癖を、その一人ひとり、あるいはご夫婦やカップル、グループごとにいち早く見抜き、それを取り込んだ形でおもてなしをするからである。そして、お客さまのほうも、帝国ホテルのサービスとはそういうものである、という前提に立って、当たり前のこととして受けとっている。常連客であれば、そのイメージが体に染み込んでいる。

こうした積み重ねが、ホテルとして高いブランド力になっているのだ。

明治以降、長い歴史と伝統の中で培われたノウハウや、世界の要人や著名人に深い印象を与えてきたサービス、おもてなしがある。ホテルの一人ひとりの従業員に、そのノウハウが日々、生きた形で引き継がれている。伝承されているといってもいい。それが、お客さまの中に信頼として行きわたっている。

たとえば、前述したように、オールドインペリアルバーで、二杯目以降はグラスをお客さまがおいている場所へおく、という応対がそうだ。滞在客に対しては、その寝相に合わせてベッドメーキングする。

同様に、歯ブラシ、歯磨き粉、石鹸、シャンプーやリンスは、新しいものを補充するが、使いかけのものは捨てたり、動かしたりせず、お客さまがおかれた場所にそのまま置いておく。

そのような一連のサービスは、お客さまにとってふだんの自分の立ち居振る舞いとあまりにもしっくりして自然であるため、感激や感動にはつながらない。しかし、それ以上に深い満足を覚える。

奇を衒《てら》ったり、派手な演出をするなどといったこととは無縁だ。極めてオーソドックスであり、その意味で〝サービスの真髄〟といってよい。

感動よりも深い満足感

感激や感動は、刺激の強い酒のようなものである。
心に染み入る深い満足は、
長い年輪の中で熟成した芳醇《ほうじゅん》な酒のようなものであり、
何度でも味わいたくなる。
たとえ、味わった時点でもの足りないと思っても、
あとでジワリと深い満足感が広がる。

無償のおもてなし

――「価値に見合う」だけでは生き残れない――

「自分にとって意義のあるもの」を別な言い方をするとどうなるか。「自分にとって価値があるもの」と言い換えることができる。手元になければ手に入れたくなる。その価値を手に入れるためには、売る側に対して自分のほうも別な価値を提供しなければならない。対価である。通常はおカネだ。

世の中は、このような価値のやりとりで動いている。

価値を提供することで、おカネ（という価値）を手にしたい側からすれば、そのおカネの金額に見合う価値を提供すれば足りる。当然、料金による差は、お客さまが期待する価値に比例する。ホテルでいえば、一般より高い料金が設定されていれば、それに見合うだけの部屋の広さ、設備・備品・什器の豪華さ、眺望、受けとることのできる具体的なサービスの種類を期待するだろう。

しかし、料金に見合う価値を提供するだけでは、競争に勝てない。繰り返し利用してもらうことはできない。第一、サービスやおもてなしは、そのような損得勘定を超えて初めて輝き出す。生命を持ち始める。帝国ホテルが提供している価値とは、このようなものである。

お客さまが受けとるこの価値は、さらに二つに分けることができる。一つは、お客さまが支払う料金に見合う部分である。

もう一つは、その料金の部分を差し引いた価値だ。

料金を差し引いた部分の価値とは何か。それは、お客さまが無料で手に入れることのできる価値である。供給サイドからすれば、お客さまに無償で提供する価値である。

これはつまり、お客さまは高い料金であるにもかかわらず、それ以上の価値（サービス、おもてなし）を受けとっていることになる。感激や感動を超えた、深い満足として体験しているのである。

そのお客さまに無償で提供できる価値の部分をどれくらい多く、豊かにできるか。それがいま問われている。少なくとも帝国ホテルは、お客さまに感激、感動を与える以上に深い満足を与えている。そのため、お客さまの支持が高い。

無償のおもてなし

料金以上のおもてなしがどれくらいできるか。
その無償のおもてなしをどれくらいできるかが、
いま、問われている。
無償の部分が多いことで、
お客さまは感激、感動してくれる。
さらに、クオリティの極めて高いおもてなしを、
当たり前のように受けとることによって、
深い満足感を得ることができる。

〝売上ゼロ〟という部署

――サービスの死角を補う接遇部――

どの部分まで代金に相応した価値があり、どの部分から無償で提供する価値になるのか。実際に秤《はかり》や巻尺《まきじゃく》、物差《ものさ》しで計るわけにいかない。それはお客さまによって異なるし、客層によっても異なる。とくに、サービスについてこれはいえる。

それでも、一定の傾向は出る。数量化したければアンケートをとるのも一つの方法である。

帝国ホテルの場合、客層のレベルが高い。社会的に地位が高い、世界を舞台にしている人が多い、というだけではない。そういう人でも傲慢《ごうまん》だったり、虚栄心の塊《かたまり》だったり、驚くほど鈍感だったりする。しかし、大半のお客さまは豊かな情感、鋭くて俊敏な感性、周りを思いやる心を持っている。一流のサービスを世界の国々で受けているので、温かい人柄であってもシビアな面もある。

そういったお客さまに、対価以上の無償のサービス、もてなしを受けている、と実感してもらっているから、帝国ホテルはグランドホテルでありながら高い稼働率をあげているのだ。

実際、目に見える形での対価のないサービスを提供する部署も設けている。宿泊接遇部である（現在は、組織変更されている）。

帝国ホテルには宿泊部、レストラン部、客室部などいろいろな部署がある。そういったセクションのスタッフは自分の担当の業務を離れるわけにいかない。一方、お客さまのほうは、館内にいる以上、どの場所にいても、ホテルのスタッフからサービスを受けることができると思っている。

ところが、各セクションのスタッフは自分のセクションの業務に集中しているため、お客さまがあるセクションから次のセクションに移動する間、おもてなしに死角が生じかねない。そこで、点と点をつないで線とし、さらに面とし、フロア間をつないで立体とし、館内のサービスに死角が生じないようにするために設けられたのが宿泊接遇部である。

この部署は帝国ホテルが十数年前に、他に先駆けて設けたものだ。

〝売上ゼロ〞という部署

サービスに死角があってはならない。
しかし、組織の都合でとかく死角を生じやすい。
おもてなしに空白の時間があってはならない。
しかし、人員の都合でとかく、空白の時間を生じやすい。
このとき、「対応できない」と自分たちの都合を優先するのか、
「それならやろう」とお客さまの都合を優先して組織を見直すのか。
多くの場合、将来の大きなプラスを無視して、
現状の問題点に目をつぶってしまう。

お客さまは報いる

―ビジネスを超えた関係が始まる―

お客として、感激、感動し、深い満足を味わうとどうなるか。それに報いたくなるだろう。お客さまをそうした気持ちにさせるためには、どうすればよいのか。

まず、サービスを提供する企業やスタッフは、自分たちの経営や生活を支えてもらっているお礼と考え、できるかぎり心を尽くしておもてなしする。お客さまを敬愛しながら、できるかぎりのことをする。その際、お客さまに感激、感動してもらえるようなサービスを追求する。それ以上に深い満足感を味わってもらえるよう工夫する。それが代金以上のサービスを、お客さまに無償で提供することにつながる。

このようなつながりができると、自然に商いやビジネスを超えた付き合いが始まる。それがつづくと、深い信頼でつながる。お客さまからお礼の言葉をいただく。ハガキや手紙、電話でいただくこともある。お土産をいただいたりもする。ギフトということもある。誕生祝いを贈ってもらったりもする。

帝国ホテルでそのようなエピソードを一番多く持っているのは、永年、接客係として働いてきた竹谷年子さんだろう。約六〇年、国賓などVIP中心の客室アテンダントとして過ごし、国際親善に寄与した功績によって黄綬褒章《おうじゅほうしょう》を受賞された方だ。晩年はホテルに請《こ》われ、嘱託《しょくたく》として八〇歳すぎまで働いておられた。

重光葵《しげみつまもる》も彼女が担当したVIPの一人だ。日本が太平洋戦争に敗北した後、アメリカの戦艦、ミズーリ号の艦上で、降伏文書に調印したことで知られる人物である。当時、重光は帝国ホテルに滞在し、竹谷さんがおもてなしを担当していた。重光は片足がわるく杖をついていた。

重光は帝国ホテルを引き揚げ、しばらくした後、帝国ホテルで行なわれたある宴会に出席した。その宴会が終わってから、重光は不自由な足で二階に上がり、カウンターにいた竹谷さんに、「お世話になったね」とお礼を言い、カステラの入った大きな箱を渡したという。忙しい身でありながら、自分でわざわざ二階まで上がってきたのは、直接、竹谷さんにお礼を言いたかったのだろう。そう思うと、竹谷さんは涙がこぼれたという。

お客さまは報いる

おもてなしに心を込め、有料分のサービスを大きく超え、
かつ深く染みるおもてなしをすれば、
ビジネスや商いを超えた付き合いが始まる。
長く付き合うことで信頼が生まれる。
お客さまのほうも、あなたに幸せを贈ろうとしてくれる。
なんと、素敵な関係だろう。

第3章

厳しさを「やさしさ」でくるむ

——もののふの感性はあるか

威厳があっても堅苦しくない

——価値観の骨格を磨いた人に備わる人間性——

失敗するとどうするか。多くの人は、その失敗を直視したくない。そこで、失敗を「単なるミス」というレベルに切り替える。それなら受け入れやすい。プライドが傷つくことはない。そうして、うまくいかなくても単なるミスですませられるようなことにしか取り組まなくなる。

だが失敗を直視し、試行錯誤しながらでも乗り越えていけば、失敗は自分を強くするための糧《かて》に変わる。プライドはそのぶん強靭《きょうじん》になる。傷つくことを恐れなくなる。

失敗を放置したり、そこから逃げると、心臓がガラスに変わっていく。プライドが傷つきやすくなる。だから、現実に深入りしないようになる。できるだけ表面的に関わろうとする。自我が弱いぶん、人に優しくなれるが、それ以上に甘くなりがちだ。人によっては、逆に物事を杓子《しゃくし》定規に厳しく決めようとする。

失敗とは挑戦した結果である。挑戦は、まず、理想と現実のギャップを受け入れないとできない。

現実を変える努力には忍耐が伴う。苦労や辛さ、不自由、厳しい現実を受け入れなくてはならない。一つの選択をするということは、他の可能性を捨てるということでもある。大きな努力をつづけるには大きな忍耐が伴う。それは不当なことを耐え忍ぶこととはちがう。

失敗にきちんと立ち向かいながら努力していくと、より多くのより深い現実に関わりながら、より主体的に生きることができるようになっていく。物事の本質と自分の本質を一つの次元の中で関わらせることができるからだ。

一つのテーマに、人生のレベルで自分のエネルギーの大半を注ぐ。さらに、注ぎつづけると、そのテーマのあるべき価値の世界をマクロで目視できるようになる。考え方や感性、感情はその価値に沿った形で次第に骨組みができ、生命が与えられる。

よく、地方へ行くとハッとするほど威厳に満ちていて、それでいながら自然で、春の日射しを感じさせるような人柄の方に会うことがある。年配の方に多い。それは、なぜか農夫や漁師だったりする。そのように感じるのは自然の厳しさを当たり前のこととして受け入れ、失敗を乗り越えながら、一つのことにエネルギーを集中して生きているからではないか。

生きていく上での価値観の骨格が、自然環境を基盤にしているから大きいのだ。その価値観の実現にエネルギーを集中することで、そのような人柄が形成されていくのだろう。

ホテルのスタッフにしても同じである。帝国ホテルのスタッフは、若い人の場合はともかく、威厳がありながら堅苦しくない。

たとえば、「レ・セゾン」でディナーをとっていた際、近くの席で常連客らしい女性が独りでワインを楽しみながら食事をしていた。五〇代か六〇代だろうか。途中で料理長らしい人物が挨拶にきた。料理の味についてたずねたり、お奨めのワインを伝えたりしている。顔なじみであることは話し方でわかる。

客に話しかけているその姿は、驚くほど背筋が真っ直ぐである。だが、改めてよく見ないとそう感じさせない。長くて厳しい修業を乗り越えてきた人に見ることのできるシビアさがありながら、それを上回るゆとりと温かみを感じさせる。

この人など、そういう価値観の骨格を築き上げてきたタイプの典型といえるだろう。

威厳があっても堅苦しくない

失敗を単なるミスとすませていないか。
それがつづくと、現実が見えないまま人生が終わる。
真正面から失敗を直視せよ。
その失敗に自分の名前をつけよ。
自分の顔をつけよ。
直視し、乗り越えた者にだけ、成功は門を開く。

決してへりくだったりしない

——威厳を「やさしさ」でくるむ、これが理想——

お客さまに敬愛の念を持って接することと、へりくだり、卑下することとは異なる。お客さまの魅力的な部分を見つけ、その部分に光を当てながら接することと、おべっかを使うことは別である。

帝国ホテルのスタッフは、前者を旨としておもてなしをしている。親しくなっても狎《な》れ狎れしくしない。いくら親密になっても、おもてなしする立場とされる立場という関係を超えない。

また、ラフな恰好だったり、粗末な服装をしていたり、服装が乱雑だからといって、ほかのお客さまに迷惑にならないのであれば、大切なお客さまの一人として扱う。帝国ホテルの格式からみて、いかに貧しそうであっても同じだ。

そういったサービスがごく自然にできるようになれば一番いい。しかし、人生経験を積まないとむずかしい。そこで、形から入っていく。

わが国には、昔から行儀作法というものがある。もののふ（武士）のたしなみとして、武家では幼い頃から厳しく躾《しつけ》られていた。茶の湯の道もある。茶道としていくつかの流派まである。生け花、着付けなどを通し、若い女性もひと通り身につけたものである。しかし、最近は一般の家庭では廃《すた》れ、社会に出てから職場でマナーを学び、身につけていくというのが一般的になっている。

帝国ホテルにも独特の行儀作法というものがある。お客さまに接する際の基本姿勢でいえばどうなるか。背筋を真っ直ぐ伸ばす。顎《あご》を少し引く。脇を締めておく。適当に胸を張る。男性スタッフなら足を広げ、かつ、肩幅以内におさめておく。女性スタッフならかかとをつけ、両足に、均等に体重をかけて立つ。

歩くときはどうか。その姿勢のまま同じスピードで歩く。厳密にいえば靴一足分くらいの歩幅を保つ。前かがみなどはとんでもない。急いでいても早足にならないようにする。また、常に通路の端を歩く。曲がり角は外側を迂回《うかい》する。最短距離はお客さまの歩くところだ。だから、同じ距離の通路でも、スタッフのほうがお客さまより若干、長い距離を歩くことになる。お客さまと行き交ったら、できるだけ立ち止まって会釈する。スタッフ専用通路でも同様だ。端を歩く。真ん中は台車が通る道なのだ。

レストランではもっと気を遣う。とかく、着席しているお客さま以上にスタッフは立ったり動いたりしているぶん、目立つ。そうならないよう、細心の注意を払う。歩くときはもちろん、皿をお出しするにしても、注文を受けるために屈むにしろ、動きによる〝風〟を感じさせないようにする。それほど細やかな配慮をしている。

だからこそ、高度で洗練されたマナーが行きわたる。

しかし、マナーが先行すると冷たい印象を与えかねない。威厳が先行すると威圧感を与えてしまう。だから、同じ程度に丸みのあるやさしさが出るようにしている。なにも、無理をすることはない。日本人がもともと、持っている特質ではないか。それを自然に出すようにする。

威厳があるということは威張るということではない。自然に滲《にじ》み出るものだ。しかし、とかく誤解されやすい。だから、そうならないよう極力、これも配慮している。

カウンターの仕事が少ない日中、フロントにスタッフを一人しか配置しなかったりするのも、無意味な威圧感を与えないようにとの配慮による。

そういった積み重ねがあって、帝国ホテルは心地よい空間をつくり出している。

決してへりくだったりしない

きちんと躾《しつけ》られれば、体の動きが美しくなる。
体の動きが美しくなると、
心の動きにもメリハリが出てくる。
心の動きにメリハリが出てくると、
頭の回転が速くなる。
お客さまをおもてなしして深い満足感を覚えてもらうには、
体、心、頭を総動員し、フル回転させなければならない。

心を冷やさぬようにする

――人柄の温かさが究極のおもてなし――

心には温度がある。

冷え冷えとした心に触れると、こちらの心も冷えてくるではないか。温かい心に触れると、こちらの心も温かくなるはずである。

温かい心と冷えた心、どちらが快いかいうまでもない。

おもてなしをするためには、努力して心を温かくしておくことも必要だ。しかし、人柄そのものが温かいというのが、究極のおもてなしの姿である。周りを思いやる心が豊かな日本人は、そうなる素質を多分に持っている。人の心の痛みや苦しみ、悩み、喜び、感動とストレートに交流し、わがことのように感じることができる人もいる。

そういう人柄であれば、通路で行き交う際、仮に目礼しただけでも、お客さまは心が和《なご》む。温まる。ゆったりとした気持ちになり、落ち着く。

しかし、その温かさを放射するだけでなく、お客さまの心にまで届け、深い印象として刻《きざ》めれば、それに越したことはない。

挨拶はその伝達の入口である。挨拶することで自分の心のドアを開けてみせ、お客さまにも開いてもらう。そして挨拶しながら、お客さまの心理状態や体の状態を一瞬にして見定める。いわゆる第六感である。目、口、耳、鼻、皮膚の五感を研ぎ澄まして働かせ、総動員し、一つひとつの感触の結果として、同時に第六感を働かせる。

たとえば、顔に緊張感がなく、熱っぽそうであれば風邪を疑ってみる。声に張りがなくかすれ気味であれば、同じ風邪でも喉をやられているかもしれない。そういう場合、さり気なく日常会話をしながら、体温計で測るよう勧めたり、風邪薬を用意したりする。同じ風邪薬でも喉に効くものを使ってもらう。当然、そういった種類を用意しておかなければならない。

帝国ホテルには、売上げに直結しないサービスの死角をつなぐ部門があると前述したが、その具体的なサービスとして、正面玄関の入って右横のフロントの右斜めにゲストリレーションデスクがある。いわゆる総合案内係だ。「簡単にいえば、よろず相談係か」と軽視してはいけない。担当するスタッフの語学はネイティブ級でなければならない。また、お客さまを思いやる心を形にしたおもてなしは、豊富な情報収集と体験に裏打ちされたものが求められる。

なによりお客さまの時間に余裕があるかどうか、まず最初にそれを確認する。成田や羽田発の飛行機、東京駅発の新幹線に乗る予定だが、出発まであまり時間がない。あるいは、館内にくつろいでいるからいくらでも時間がある……。そういった点をお客さまの表情や態度でまず読み、そして、確認する。その条件に合わせて相談に応じる。間に合いそうもないなら、番号をお訊《き》きして携帯番号にかける。とにかく、お客さまの状況に合わせて次の手を打つ。

英語やフランス語、イタリア語などを和訳したり、タクシーで行く予定の訪問先のアドレスを和訳するような場合、地図でその部分をコピーし、目印をつけて渡すとか。他の担当者もいて席をあけてもいいようなら、タクシー乗場までお客さまと一緒に行って、運転手にその場所を口頭で説明し、その上で送り出す。ドアマンと一緒に、タクシーの斜め後方に控えて見送る、といったことも行なう。

心を冷やさぬようにする

高度でキメ細かいサービスの技術も、
温かく思いやりのある人柄の一部にまですれば、
お客さまは、
その人のもてなしを人柄の一部として受け入れる。
お客さまに気持ちの負担をかけないですむ。
それが、かえってお客さまに深い印象を与える。

「気配」を感じる
——日本人の心をサービスに活かす——

人間は誰でも自分の心の動きには敏感である。どういうとき、どういう心の動きをするか、どんな心理状態になるか、そういうとき、どうしたいか、どうしてほしいか、自分の心なら手にとるようにわかる。

では、他人の心の動きに対してはどうか。同じ人間である以上、自分以外の人でもある程度、共通した心の動きをするはずだ。そこに、男女別のちがい、国民性、民族性のちがい、年代によるちがいなどを考慮していけば、自分以外の心の動きも読めるはずである。とくに日本人は、幼いときからそういうトレーニングを積んでいる。

しかし、理想的なサービスを提供するためには、さらに感性が研ぎ澄まされ、シャープでなければならない。感受性を磨いて鋭くしておくべきである。また、相手がほしいものを的確に察知する理性も必要である。

これは武道に通じる。武術というと、技にすぐスポットライトが当たる。確かにそれなくして奥義《おうぎ》を極めえない。しかし、柔道や合気道、剣道など対戦相手がいるような場合、相手の心の動きをいち早く察し、間をうまくとって、機先《きせん》を制することが重要である。相手が自分の心の動きに気づく瞬間、その直前に機先を制する。

つまり、サービスやおもてなしと、武道、もののふの道は本質的な部分で一つなのだ。ただ、一方は相手をたてるために感受性を研ぎ澄ませ、一方は相手に勝つために感受性を研ぎ澄ませている。そのため、一方は、お客さまに対し謙虚に心を控えるのに対し、一方は、相手に立ち向かっていく、というちがいがあるにすぎない。心を控えているのは、その場において、お客さまにとってベストなおもてなしを瞬時に判断し、行動に移れるようにしておくためである。

そうするためには、ムダな所作や立ち居振る舞いは極力、そぎ落としていく必要がある。その結果が、おくゆかしさになる。茶道はその真髄といえるだろう。千利休が茶道を興した頃、それがもののふのたしなみだったのも、それなりの理由がある。武道も茶道も一瞬にして勝負が決まる。

帝国ホテルの追求しているおもてなしにも同じことがいえる。

「気配」を感じる

感受性（感性）を鋭く研ぎ澄ますことなくして、
状況に応じたベストのおもてなしはできない。
いついかなるときも、
感受性を研ぎ澄ませておくためには、
ムダな所作や立ち居振る舞いを極力、
そぎ落としておくことが必要である。

厳しさの奥のやさしさで接する

――物に動じない精神と温かいやさしさ――

もののふは自らの命を賭《か》けてでも大切な人を守る。それを信条としている。まるで自然の摂理《せつり》でもあるかのように、日常坐臥《ざが》、それを受け入れてきた。

自分を養ってもらっている恩を大切にし、命を賭けてでもそれに報いようとした。しかし、中世ならではの価値観のため、限界があった。もし「君に忠」というなら、農民に忠を尽くすべきなのだ。

もののふを養ったのは君主、城主ではない。それは、現在の社員や従業員を養っているのが社長や企業ではないのと同じである。当時でいえば農民であり、現在でいえばお客さまである。いま、忠にかわるのが礼である。

もののふは物に動じない。一喜一憂しない。それは目の前に生起するさまざまな出来事に感情が引きずられないということだ。自分の骨格が、しっかりした価値観に沿って、感性や理性、感情が動くよう鍛錬しているからである。

その一方で、前項で述べたように感受性を研ぎ澄ますことによって、針一つ落ちても、その音が耳に大きく響くくらい峻厳《しゅんげん》にしておく。

肝《きも》がすわっていることはいうまでもない。

もののふのように命をかける必要はないが、帝国ホテルのスタッフも、肝がすわり、物に動じないような精神を身につけようとしてきた。それが威厳につながっているのだろう。

しかし、サービス業としておもてなしをする、という立場から、丸みのある温かいやさしさもあわせ持つようにしてきた。

たとえば、名シェフとして知られた、故・村上信夫は、刀剣を愛し、時々、抜き身をながめて心を鎮《しず》めていたという。

その村上をみると、威厳というと堅苦しすぎる。むしろ、凛《りん》としたものを身につけていた、といったほうがいい。そのほうが涼やかである。

厳しさの奥のやさしさで接する

武骨さがまさると威厳が強くなる。
温かい丸みがまさると優しくなる。
その武骨さを丸みのある温かさで包むと、
凛として涼やかになる。

お客さまの人生に参加する

――さまざまなお客さまにいただく感動の場――

よく、「お客さまの喜びを自分の喜びとする」という。

それはどういうことを意味するのか。少し突っ込んで考えてみよう。

お客さまに喜んでもらう、という場合、必ず、そこに一つの状況が前提としてある。そのシーンの中で、お客さまに最も喜んでもらうためにはどうしたらいいか。お礼、感謝の心を込め、代金の額と関係なく最高のおもてなし方を考える。

帝国ホテルでいえば、たとえば、レストランでワインをおかわりする場合、空になる前におつぎする。たとえ一秒といえど不自由な状態にしないためである。コーヒーや紅茶など透明なグラスでない場合、どうするのか。カップを持ち上げる角度、顔の向け方、口のつけ方から減り具合を推察して声をかける。お客さまの姿勢で、減り具合を的確に読めるようになっているのだ。また、そうでなければ、レストランのスタッフとして一人前といえない。

それがお客さまにとって、最も快適な状況をつくりだす。有料のビジネスを介して無償のおもてなしをする。

お客さまにすれば、それは生活の一シーンである。そういうシーンの中でお客さまの人生がつくられていく。お見合い、商談、結婚式や披露宴、さまざまなパーティということもある。人生のエポックメーキングな出来事ということも少なくない。そういった人生の節目節目の行事では、基本的に帝国ホテルを使うというＶＩＰも多い。

そういう節目節目でお客さまの立場にたち、お客さまに喜んでもらおうとすることは、お客さまの人生をよりよいものにするはずだ。

それは次のように言うこともできる。

「自分の人生は一つしかない。しかし、ホテルのサービスを通して、いろいろなお客さまに自分の人生を仮託《かたく》している」

お客さまのぶんだけ、自分の人生が増える。お客さまの人生の一断面に自分も参加し、それを素晴らしいものにしようとすることによって、自分の人生を多彩なものにしていると……。

お客さまの人生に参加する

お客さまの人生を、
感激、感動、深い満足感で盛り上げ、味つけする。
そこに参加することによって、
一つしかない自分の人生をお客さまに仮託することができる。
多彩なお客さまの人生で、
自分の人生を彩ることができる。

豪華さを内に秘めた質朴さ

――究極のサービスは行動からあふれ出る――

お客さまの人生を素晴らしい実りあるものにするために、節目節目で参加し、ベストの状況をつくり出す。感銘や感動を与える、あるいは、それ以上の深く心に染みるおもてなしをする。いただいたもの以上の礼をする、礼の限りを尽くす。

それはもののふの生き方にも通じる。この場合、武士とか侍《さむらい》といわず、あえて、もののふといっているのには理由がある。武士や侍だと江戸時代を連想してしまう。そのため、社会の体制に組み入れられて、受け身で武士や侍になっているというイメージが強くなる。儒教体制の中で、どう生きるか法令化されてもいる。武士、侍というと、サラリーマンというイメージも強くなる。もののふという表現にはそれがない。

もののふは質朴《しっぼく》である。ハードとして設備や備品、什器がどんなに豪華であっても、お客さまをおもてなしする場合、そういう質朴さが核にならなければならない。

帝国ホテルを代表するレストラン、「レ・セゾン」のスタッフを見ていると、そういった質朴さを感じる。料理にしても彩りは豊かだが、ムダな派手さはない。

一万二六〇〇円の一番安いディナーを食べてみたときのことだ。この場合、コースといっても種類が少ない。しかし、一皿一皿の味や素材の手は抜いていない。メインディッシュの肉はじつに味わい深かった。そしてなにより、パンがおいしい。私がこれまで食べた中でナンバーワンである。いろいろな素材の味、それに香りが楽しめるよう、絶妙のバランスで焼き上げてある。

この料理の見栄え、味にも、豪華さを内に秘めた質朴さ、という印象を持った。ただ、メインディッシュに比べると魚の味がいま一つだった。一人のシェフがレシピをつくり、各々、別なスタッフがそのレシピに合わせてつくっているという。

しかし、レシピ通りつくっても味に差が出る。それがおいしさの巧拙《こうせつ》だとまずい。行きつくところ、感性と技術だ。そういった差を極力、少なくしていく必要がある。

ただ、全体に非常においしいことは間違いない。他のテーブルでアワビを食べていた年配の女性は、盛んに「おいしい」を連発し、「シェフによろしく」「こんな料理をつくるシェフはどんな人か会ってみたい」と何度も繰り返していた。

豪華さを内に秘めた質朴さ

サービスは柔軟でなければならない。
しかし、ふやけた芯のないものであってはならない。
もののふが持っているような質朴さが、
柔《じゅう》でいながら、ヤワではない気質をつくる。
サービスをそういう気質にまで鍛えよ。

第4章

お帰りから「お出迎え」は始まっている

――情報をつなぐ努力をしているか

「思いやり」と「技能」という両翼
――求められる個性的だが、普遍的なサービス――

相手を思いやる、というのは義務ではない。それは人間がもともと、持っている本性《ほんしょう》である。その本性により磨きをかけることが問われているのだ。それを義務としてやるとしたら、どうだろう。食事を義務として行なうのに等しい。

義務でイヤイヤ食べたら、閻魔《えんま》さまでさえ、思わずにこやかになるほどおいしいものを食べても、砂を噛《か》むような味に変わってしまう。そんな人がシェフになったら、どんなに高度な技術を持っていても、味に期待はできない。

温かく相手を思いやるのは、温かい人柄であれば、自然にそうなる。

しかし、ただ、そういった本性を磨くだけでは十分とはいえない。特に、高度で洗練されたキメ細かいサービスを、日頃世界中で、当たり前のように受けているお客さまをおもてなしするのであれば、なおのことである。

さらに、そういったお客さまから一般に比べ高い料金を頂戴《ちょうだい》し、それを上回る部分で無償のサービスを提供するには、高い料金にふさわしい技能が必要だ。

鳥は翼があっても、それを動かす筋力やバランス感覚がなければ翔《と》べない。どんなに技能があっても、温かい思いやりがなければならない。その温かい思いやりは現実的でなければならない。筋力やバランス感覚があっても翼がなければ翔べない。温かい思いやりがあっても、技能がなければ優れたサービスは提供できない。

しかし、鳥のように筋力やバランス感覚と翼がありさえすればいいのではない。鳥の持つ特性を参考に飛行機を開発し、さらに高度化し、ジェット機をつくり出したように、その技能を基盤に、さまざまな創意・工夫を凝らし、サービスの次元を一つでも二つでも上へ上げていくことが求められる。

それによって初めて、そのスタッフならではの個性が出ていながら、帝国ホテルらしいおもてなしになり、さらには、サービスとしての普遍性を獲得する。個性的であると共に普遍的でもありえる。

現実の世界において、普遍的なものはすべて個性を持っている。

「思いやり」と「技能」という両翼

鳥は翼があっても、筋力やバランス感覚がないと翔《と》べない。
サービスも、現実的な温かい思いやりに裏打ちされた、
おもてなしでなければならない。
筋力やバランス感覚があっても、翼がないと鳥は翔べない。
サービスも、おもてなしの技能を高めることが必要だ。
鳥の翔ぶ機能から飛行機をつくり出したように、
サービスに自分らしい創意・工夫を凝らすことで、
これまでの次元を超えたおもてなしをすることができる。

お客さまの近況を知る

――不快感を与えないキメ細かい応対の心得――

温かい思いやり、キメ細かい応対は情報によって可能になる。目の前のお客さまの心の動きや体調を一瞬にして掴み、深く満足してもらえるようなおもてなしをするのはその一つだ。それを可能にするのは、研ぎ澄まされた感性である。

しかし、それだけでは、お客さまのおかれている状況を的確に判断できない。最近、大晦日をホテルで過ごし、新年を迎える家族が増えているが、企業の経営者か役員ということもある。一昨年も昨年も飛ぶ鳥を落とす勢いだった。今年もそうだろうと判断し、接客の際、「おめでとうございます」と明るく挨拶したとする。しかし、じつは、経営が悪化していたらどうだろう。それを、「おめでとう」と言われたら、腹が立つ。「無神経も甚《はなは》だしい」となる。

そうならないためには、常連客の近況をくわしく知っておく必要がある。積極的に情報を集めておかなくてはならない。企業名、業種、地位、業績、業種内ランク、とくにライバル視している企業とか。

日経新聞はもちろん、業種に応じて専門誌にも目を通す。『会社四季報』などは常備だ。テレビのニュースも見ておく。夜、家にいる場合は、テレビ東京系列の、二三時から放映の『ワールドビジネスサテライト』は必見だ。

ニュース速報が流れたら、帝国ホテルのお客さまが関係していないかどうかチェックする。災害についても同様だ。外国における飛行機事故にもこれはいえる。お客さま本人だけでなく家族や交友関係にまで目を光らす。

そういう背景を把握していなかったら、たとえ正月でも「いらっしゃいませ」「いつもありがとうございます」と最小限の挨拶にとどめておく。そのほうが無難である。

しかし、業績が急成長しているとか、社会的地位が上がったとか、受勲されたということもある。それなのに、「おめでとうございます」と言わないのは失礼だ。

そうならないよう、帝国ホテルのスタッフはふだんからお客さまに関する情報集めに余念がない。とくにドアマンやフロント、ゲストサービス、ＶＩＰ専門スタッフなどにこれはいえる。

お客さまの近況を知る

お客さまが目の前で過ごされる時間は、
そのお客さまが過ごされる時間のほんの一部でしかない。
そうであるなら、
情報が公開されるようなＶＩＰの近況について、
事前に知っておくことが欠かせない。
喜ばしいことなら話題にし、
伏せたいであろうことには触れないでおく。

情報は共有してこそ価値を生む

――いつ、いかなるときでも、同じレベルのおもてなし――

お客さまに関する情報の収集は欠かせない。それを記憶しておくだけではダメだ。記憶し、その記憶に合わせて自然に体が動き、おもてなしできるようでなければならない。

だが、それはキメ細かなおもてなしをする前提にすぎない。それらの情報は現に生き、日々活動している人の情報である。そのため、たえず変化する。

その変化する情報をいち早くキャッチし、素速く、自分の中で発酵させ、自分のものにしていかなくてはならない。

たとえば、ドアマンは車種やナンバーを覚えるのは当然として、お客さまの顔、さらには運転手の顔も覚えなくては一人前といえない。

帝国ホテルでドアマン一筋で三〇年以上過ごし、定年を迎え、現在も特別社員として働いているスタッフもそうだ。お客さまの顔を一〇〇〇人近く覚えているという。それは同じく、運転手の顔や車種、ナンバーも覚えているということだ。

それによってお客さま情報をより確実なものにしている。運転手が変わっても誰かが分かる、運転手が同じなら同じ会社の役員だろうと推察できる。車が変わっても特定できる。

運転手と親しくなると、車を変える場合、事前に情報を流してくれたりする。

そのため、お客さまに関する情報量は膨大なものになる。新規顧客のほうが増えるだけではない。常連客の情報の差し替えも非常に多い。

また、新聞の顔写真や雑誌のグラビアなどから、政・財・官界、若手企業家、タレントなど著名人の顔写真を五〇音順に並べスクラップしている。それを積み重ねていったら、かなりの高さになる。

このスクラップや車種データは、二〇人弱のスタッフ全員で共有している。また、その特別社員が三〇年以上、つけてきた日記帳も他のスタッフに公開している。情報をこのように共有することによって、他のスタッフも、同じレベルでおもてなしができる。

ただ、最近、レベルが落ちてきている、という声も聞く。著名人であり、帝国ホテルを頻繁に使っているのにその点を無視され、機械的にパーキングにとめるように指示されたとか。

レベルアップには時間がかかるが、レベルダウンしていくのは早い。坂を登るのと転げ落ちるのに似ている。

「さすが帝国ホテル」と言われつづけるためには、おもてなしと直結しないような、とるに足りないような部分にまで、心配りが行き届いていなければならないのだ。

たとえば、手の指先、足の指先に至るまで美しくなって動かないと、オリンピック競技でメダルを獲れないのと同じことだ。

情報は共有してこそ価値を生む

オリンピックでメダルを獲るには手や足だけでない、
手の指先、足の指先まで神経が行き届き、
美しくなければならない。
これはサービスについてもいえる。
どうでもよさそうな細やかな点にまで、
心配りが行き届いていないと、
競争には勝てない。

情報を点で終わらせない

――最大公約数のサービスからの脱皮――

大切な人をおもてなしする。それが家庭であればどうだろう。企業であればどうだろう。ディナーなど食事を楽しむのであれば、お客さまの好みを推測してつくる。あるいは、喜んでもらえそうな店を選ぶ。自分でつくるのであれば食材を揃える段階から、お客さまの顔や日頃の態度、言動から好みを推測して買う。

すでにおもてなしをしたことがあれば、どの材料のどんな味つけのどんな料理を喜んでくれたか記憶を呼び戻しながら考える。家族を招いたのであれば、共通して喜んでくれたものでも、一人ひとり微妙に反応が違っていた点を想い浮かべ、余力があれば、子供だけ、お父さん、お母さんだけを対象にして別々に料理をつくる。

しかし、おもてなしする家族、あるいは人数が増えるにしたがって、最大公約数で気に入ってもらえる料理、味つけになっていく。

喜んでほしい、という気持ちは変わらなくても、そうならざるを得ない。ホテルとなるとなおさらだ。帝国ホテルのようなグランドホテルなら、なおのことである。

だが、やり方しだいで柔軟な対応がとれる。

ルームサービスの場合、できるかぎりお客さまの要望に応じている。たとえば茹《ゆ》でタマゴだ。半熟はもちろん、茹でる時間を秒単位で指定されることも少なくない。脂肪が増えないよう医者から忠告されていると、「黄身は元凶」と言われ、白身しか食べない。ブレックファースト、ランチ、ディナーのルームサービスにない料理でも、お客さまの要望があればおつくりする。

常連客であれば、宿泊されるたびにそういった独自メニューや味つけを注文、要望されることが大半のため、お客さまの姓をつけて「〇〇様スペシャル」としてリスト化している。ルームサービスに関するお客さま情報だ。お客さまのスペシャルメニューを写真で載せたりしている。その料理のつくり方、味つけのレシピも共有している。

それを見ることによって、厨房で誰でもつくれるようにしている。スタッフも頭に入れておく。それによって、お客さまから質問があったような場合、的確に答えられるようにしておく。

情報を点で終わらせない

情報は共有しなければ意味がない。
共有した情報をスタッフ一人ひとりが、
自分に合わせて活かしてこそ、本物の活用といえる。
自分に合わせて活かすとは、
お客さまに合わせてということだ。
お客さまに合わせて活かすとは、
お客さま一人ひとりに合わせて活かすことである。

要望を的確につかむ

――電話でのやりとりで求められる感受性と想像力――

一緒に仕事をする社員やスタッフの人数が多くなってくると、情報を共有化し活用するには、業務内容を分析し、どうすればよりスピーディに、より効率的に、より的確に活用できるかを考え、プログラミングし、システムを構築せざるをえない。

その点、帝国ホテルは、一九八二（昭和五七）年、電話交換サービスの一環として、ホテルとしては初めて、コンピュータディスプレイつきのデジタル電話交換機を導入している。

このディスプレイには、館内における主要な情報が網羅されている。当日の宿泊状況や部屋番号、空いている部屋、その番号、宴会や主催者、内容、イベントといったことだ。都内を中心とした交通情報や空の便の時間といった情報も明示される。

また、お客さまの個人的な要望も入力しておく。「○○からだったら電話をつないでほしい」「女房からの問い合わせには、出かけていると言ってほしい」「一三時以降ならつないでいい」「△△には携帯の番号を教えてやってくれ」といったことだ。

帝国ホテルには、有名な直営の「ガルガンチュワ」ほか、「日比谷花壇」や「ゴディバチョコレート」など名だたる名店が入っているが、営業時間や休日は店によって異なる。

そういった問い合わせにも、リアルタイムで答えられなければ、本当のサービスといえない。お客さまが買い物をするつもりで立ち寄ったのに、その日は閉店していた、あるいはオープン前だった、営業が終わっていた、では大変な迷惑をかけてしまう。

つまり、事前にどういう情報を用意しておくか、ということでも、お客さまの立場、視点に立つことが求められている。

さらに、お客さまの要望を的確に掴むことも求められている。話が冗長でまとまりがなく、何を言いたいのか、何を一番欲しているのか、わかりづらいことがある。そういうとき、一瞬の間にお客さまが最もしてほしいことを掴みとる感受性が必要だ。電話交換一つとっても、勇気と決断を要す。直接、顔を合わせないだけに、なお、こちらの心の動きが生で相手に伝わる。

電話による宿泊の予約でもそうだ。私が、本館からタワー館への変更、日比谷公園がよく見える部屋への変更を申し出たときである。電話には男性の宿泊予約担当が出た。その際、ベッドメーキングに関し要望を出した。上掛けを足元でシーツにくるんでおくのがふつうだが、あれを窮屈に感じるので、くるんでおかないでほしいと……。

ところが、私の要望の意味がうまく伝わらなかったようだ。こういう場合、いろんなシーンを想定して並べ、そのうちのどれかをお客に選ばせなくてはならない。そういうシーンを想定できる想像力が求められる。

しかし、その宿泊予約担当のスタッフは逃げ腰になった。「お客さまは十五時にチェックインなさいますよね。それなら夕方十七時に、客室担当者がベッドメーキングのためお伺いしますので、その際、お申しつけください」という。自分の名前も名乗らなかった。

帝国ホテルは一日二回、ベッドメーキングを行なう。チェックインの十四時前と十七時頃である。しかし、私の要望を客室担当に伝えるにはその時刻、私は部屋にいなければならない。

実際、日々のサービスの中では、こういった課題も生じている。

要望を的確につかむ

直接、顔を合わせない電話のやりとりの中で、
お客さまの心の動きを掴み、
的確に要望を掴めなくては一人前とはいえない。
体中の神経を耳に集中しなければ、
その要望は掴めない。
さらに心にゆとりがないと、
お客さまの小さな心の動きを見逃してしまう。

使命をリレーできるか

——連繫《れんけい》に必要なコミュニケーションの大切さを自覚——

いくら情報の共有や活用といっても、それを活かすスタッフ同士でコミュニケーションがとれていないと、笛吹けども踊らずになってしまう。

帝国ホテルの本館一七階にある「インペリアルバイキングサール」でランチバイキングを食べたときだ。入口の受付で予約の確認をしてもらい、座席に誘導してもらう。そのあと、別のスタッフが私のテーブルに来たとき、「国友さま」と私を名前で呼んだ。つまり、氏名という情報が、出入口の受付からフロアに伝わっていたことになる。

車から降りて入ってきたお客さまの荷物をゲストサービスが預かり、フロントへ案内する際、素速くタグを確認し、名前が分かれば、「鈴木さまのお着きです」というように、フロントへつなげていく。

お客さまに温かい思いやりを持ち、キメ細かい心遣いを示すには、身内に対しても同じでなければできることではない。スタッフ同士の間に冷たい空気が流れていたり、お互い無関心でありながら、お客さまに対し突如、心のギアを入れ替え、まるでそれまでとは別の人格であるかのようにおもてなしするといった芸当はできない。

もし、できたとしても、人間は敏感だから、そういった小手先の切り替えはすぐに見抜く。気づかれていないと思っているのは当人だけである。

もちろん、帝国ホテルはそうではない。お互い、思いやりながらコミュニケーションをとっている。連繋している。

たとえば、ルームサービスでは、とくに朝食の時間が忙しい。基本はスタッフ一人にワゴン一台だが、ピーク時には一人でワゴンを数台、一緒に運ぶ。その際、どのワゴンをどの部屋のどのお客さまに運ぶのか、把握しておくだけではない。その時間帯の注文は、自分以外のものもすべて掴んでおく。

だから、時間通りに戻らない場合、別のスタッフがなにも持たずに走っていき、その階に配達されていないワゴンがないかどうか確認する。お客さまに話しかけられ、それに付き合っている場合もあるからだ。そういったワゴンがあれば、そこに載っている料理からお客さまとその部屋番号を推測し、お届けする。

使命をリレーできるか

他のスタッフが担当している部分の顧客情報まで、
知っておくことが必要だ。
しかし、それだけでは十分といえない。
その情報に精通していなければならない。
精通していても十分ではない。
そのスタッフのおもてなしの状況も、
掴んでおかなくてはならない。

情報の鮮度を活かす

――瞬時に決まる、情報の活かし方――

お客さまの情報をいかに活かすかは、スタッフ一人ひとりの工夫によって差が出る。ドアマンでいえば、お客さま、運転手、車種、ナンバーを覚えたとしよう。それでお客さまが車から降りられたとき、「○○さま」と声をかけることができる。あるいは、それを見逃しても、運転手を見て、誰が乗っているか察知し、降りられる間際に「○○さま」と声をかけることができる。そのわずかな差、一秒から○・数秒の差が、キメ細かい応対の差になる。

やはり、帝国ホテルで三〇年以上、ドアマン一筋のあるスタッフは、初めてのゲストに関しては、お客さまがホテルに入るのを見届けてから、運転手にいろいろ教えてもらうようにしている。一秒や○・数秒の差にこだわってもいる。さすが！　と言いたい。

彼は、日経新聞の「私の履歴書」を長い間、愛読している。常連客同士のつながりや出身地などを知ることにより、お客さまとの会話が膨らむ。本当に短い時間の中での会話だが、ポイントを掴んだ会話になる。若い頃は情報を頭に入れるために、お客さまの会社名や氏名を二回、口の中で呟《つぶや》いたという。

最近はカーナビを取りつけている車が多いため昔ほどではないが、道順をたずねられることも少なくない。そのため、常に最新版の地図に買い替え、時間があると眺めたりする。地図を手に町を歩くだけでなく部下にも奨励している。

つまり、お客さまが求める情報にもくわしくなければならない。それも、常に最新のものでなければならない。

ゲストリレーションズ（相談窓口）はその代表的な例である。一日二〇〇件以上の問い合わせがある。

「これを質問しないでください」とか、「これを質問すると罰金がつく」という制約があるわけではない。ビジネスを左右するような問い合わせから、雑談、暇つぶしに立ち寄るなど、その内容は多様極まりない。

それにすべて答えることができるよう、美術館、劇場、図書館、観光施設、寺、神社、公園などの施設は小さいものまで網羅して情報を整理している。最新のイベントはいうまでもない。日本情緒にひたれる場所、歴史的建造物、城址《じょうし》なども含む。どういうお土産がいいかアドバイスすることもある。

しかも、このところ、都市開発が急だ。駅ナカがグルメ通りに変貌するなど、目が離せない。そのため、スタッフは時間を見つけてはウォッチングをし、それをレポートにして、その情報を全員で共有するようにしている。

毎月、積み立てを行ない、二、三人でチームをつくって、年に三回ほど、そのとき、評判の店で食事もしている。

とくに、外食は浮き沈みが激しい。出店閉店が絶え間ない。そういう、なくなった店も確認しておく必要がある。

このようにして、お客さまから見えない部分で情報を集めている。それも生きた情報をだ。そうすることで、お客さまに深い満足を与えるおもてなしができる。

情報の鮮度を活かす

情報は生きている。
死んだ情報をいくら集めても、
お客さまに満足を与えることはできない。
お客さまは今日を生きている。
だから、今日の情報を提供しなければならない。
さらに、お客さまの翌日の行動を把握し、
役に立つ情報を伝える必要がある。

部屋には鼻から入る
――慣れることに油断しない基本プロセス――

情報というと、真っ先にその内容を思い浮かべる。いま風にいえばコンテンツだ。どういうコンテンツをどう伝えるか、これは非常に重要だが、それ以上に重要なことは、お客さまに提供する優先順位として、どういう価値を最も重視するのか、その優先順位を明確にしておくことだ。そして、それを実現するために情報を共有し、活用していかなくてはならない。

帝国ホテルでいえば、「お客さまに感動してもらい、それを自らの感動とすること」を最優先する価値としている。私の言い方でいえば、感激と感動以上に心に染みる深い満足ということになる。あるいは、料金と対価以上の価値の提供、無償のおもてなしがどれくらいできるか、ということだ。

日々の実際のおもてなしは、それを実現するためのプロセスである。行動基準である挨拶、清潔、身だしなみ、感謝、気配り、謙虚、知識、創意、挑戦という九つの実行テーマは、それにつぐ価値である。

匂いも清潔のテーマの一つだ。帝国ホテルで有名な言葉がある。お客さまがチェックアウト後、部屋をそうじするために入る。その際、「鼻から入る」というのだ。

つまり、その部屋にどういう匂いが残っているか、まず確認するということである。人間の嗅覚は犬などに比べると見劣りする。しかも、すぐその匂いに慣れてしまう。そうなる前、その部屋の匂いに慣れる前に、匂いをかぎ、その原因を見つけなければならない。それを、鼻からそうじに入る、という。

タバコ、香水、酒、料理、口臭、体臭など原因はいろいろだ。そういう匂いはオゾン脱臭機や脱臭液で取り去る。これは客室整備係の担当だ。そのため、彼らは化学にも強くなくてはならない。

お客さまが長期滞在されたあとだと、匂いが部屋にしみつき、なかなか取れない。そういう場合、匂いを完全に消し去るまで数日間、空き部屋にしておく。

そういった配慮をすることによって、帝国ホテルが価値として全員が共有していることを実現できる。

部屋には鼻から入る

「さすが」といわれるようなおもてなしをするには、
お客さまから見えないところで、
ムダにつながる作業をしなければならないことがある。
ストレートには売上げにつながらないムダを、
スタッフ全員が納得して、
共通の価値基準として受け入れていることが前提になる。

第5章

「当たり前」という無意識を意識する

——美しさを見えない部分で支えられるか

誰一人使ったことがないように提供する

——部屋には鼻から入り、そうじは膝《ひざ》でする——

ふつう、物は使えばそのぶん、安くなる。古本はその典型だ。中古車もそうだ。新品同様を強調するために新古車といったりするが、新車に比べ価値が下がることに変わりない。かえって高くなるのは、稀覯《きこう》本や骨董《こっとう》など例外に属す。あるいは憧れの対象になっている著名人が使ったものとか。

それなのに、ホテルはいくら使っても宿泊料が変わらない。なぜだろう。一つは占有するにすぎず、所有するわけではないからだ。

もう一つある。自分が宿泊する前に、多くの客がたくさん宿泊しているにもかかわらず、その痕跡《こんせき》がないからといえる。

帝国ホテルでいえば、一つの部屋をそうじするのに、多いときには五人がかりで行なう。

客室係のハウスキーパー、これは通常三人で、ベッドメーキング中心にそうじするもの、バス回り、そして補助担当である。そうじが済むと点検係であるインスペクターがチェックする。あとは、フロアマネジャーがそうじを含む客室サービス全般を管理し、必要に応じチェックする。

しかも、お客さまがチェックアウトされた後に客室に入る。連泊なら基本的に留守にされている時間に行なう。だから、お客さまと直接、顔を合わせることは少ない。

彼らの役目は前泊者の痕跡を一〇〇%消すことだ。ただ、きれいにすることではない。目的が完全に異なる。だからこそ、前泊者の残した匂いがすぐには消えないとなると、ホコリ一つ残されていない状態でも、消えるまで何日も空けておく。そして毎日、そうじする。

部屋には鼻から入ることは前述した。排水口の小さな悪臭まで見逃さないようにしている。

そうじは膝でする。絨毯《じゅうたん》の毛と毛の間に挟まっている小さなゴミや体毛、毛髪などはそういう姿勢でないと見つけにくい。さらに触れて確認する。ましてやガラスの破片やピンなどが落ちたままになっていたら大変だ。それでも、人間である以上、見落しかねない。

だから、昼、明るく陽が射し込んでいても、必ず、明かりをつける。隅々まで光を行きわたらせるためだ。

水回りであれば、鏡のわずかなくすみ、あるかないかの水漏れも見逃さないようにする。それをお客さまの目線にたって行なう。

トイレに座って、バスルームをつくづく見回すことも想定しなければならない。最も不快感を抱く体毛が残っているなど論外だ。

そこまでやっても、ときに見逃しがある。

どんなに細心にそうじしても、細心すぎるということはない。何人かでそうじするから、自分一人くらい少し見逃しても大丈夫だろうという気持ちが出ると、同じようなミスを頻発しかねない。

ましてや、そうじに誇りを持てず、仕方なくやっていたら、人間がだらけてゆく。そうならないように最善を尽くす。

誰一人使ったことがないように提供する

「たかがそうじ」と思っていたら、
その時点で失格だ。
きれいにできるわけがない。
ましてや、誰一人、
まだ使ったことがないほどきれいにするには、
感覚、なかでも皮膚感覚を、
研ぎ澄ませておかなければならない。

価値を決めるのは誰かを知る

――判断するのはお客さまと心得る――

ゴミは価値のないもの、邪魔なものと思われている。そのため、自分が出したものでも厄介者扱いする。自分のファッションに生き甲斐を見つけ、精魂を込めてベストのファッションを身につけようとしている若者が、食い散らかした飲食の袋を駅や道路に捨てていたりする。最近はそういう光景が当たり前になってきた。錦を着ていても心はボロを纏《まと》っている。

とかくゴミというのは、できるだけ早く捨てたいと思うものである。自分が出したゴミでさえそうなのだ。ましてや、他人のゴミなどなおのことではないか。ゴミに関するかぎり、ホテルのスタッフでも同じ気持ちだろう。

ところが、帝国ホテルはお客さまが出されたゴミを大切に扱っている。ゴミ箱に捨てられているゴミでも、フロアごとにまとめ、翌日まで保管する。

なぜなら、お客さまが過《あやま》って重要なものをゴミ箱に入れてしまう恐れがあるからだ。ビジネスを左右するような重要なメモ書き、発明・発見につながりかねないメモをついクシャクシャに丸めて捨てるということもある。あるいは同室のお客さまが勝手にゴミと判断し、ゴミ箱行きに……ということもありえる。

また、ゴミ箱に入っているもの以外で残っているものも疎《おろそ》かにしない。たとえば、新聞、雑誌、本、パンフ、チラシに始まって、レシート、レポート用紙、原稿用紙、メモ用紙、あるいは、飲みかけの缶ジュース類、ペットボトル、薬、酒、食べ物、菓子、パンなどじつに多い。

これらは、誰にでもすぐ分かるよう必要項目を記入して分けておく。冷やしておいたほうがいいものは、忘れ物専用の冷蔵庫に保管しておく。長いもので二年間、保管する。

ゴミには常識が通用しない。古くて汚れていて垢《あか》がついているものでも、お客さまにとっては、かけがえのない貴重な記念品ということもあるからだ。

なお、忘れ物については、お客様サービス係のオフィス内にあるロッカーに、日別にして一カ月、保管している。

価値を決めるのは誰かを知る

人生には楽しいことと同じように辛いことも多い。
それに耐え、切り抜けられるのは、
思い入れを持つことができるからではないか。
その思い入れは、ものに封じ込めることが多い。
だから、その人がゴミと認めるまでは、
たとえゴミにしか見えなくても、
大切に扱わなくてはならない。

忘れ物があっても連絡しない
――不慮のアクシデントを防ぐために――

自宅にしろオフィスにしろ、お客さまが忘れ物をされたら、すぐ追いかける。あるいは携帯に電話を入れる。かなり時間が経ってから忘れ物に気づいたら、電話を入れて本人のものであることを確認した上で郵送する。あるいは宅配便で送る。それが親切というものだ。

ところが、帝国ホテルの場合、まったく逆である。お客さまがチェックアウトされてから、客室係はそうじのために部屋に入る。そこで忘れ物に気づいても、基本的に連絡しない。お客さまから確認が入るまで働きかけることはない。

常識的にみて極めて不親切、そっけない対応だが、じつは、これは帝国ホテルのお客さまに対するキメ細かい心遣いなのである。

たとえば、連絡先に電話を入れたとしよう。当然、本人以外の者が出る可能性がある。仮に、奥さんが出て、夫から帝国ホテルでの宿泊、あるいは日本に行くことを知らされていなかったら、家庭争議が勃発《ぼっぱつ》しかねない。そういった行動をとる宿泊者本人に問題があるのは確かだ。しかし、ホテルとしては、そういったプライバシーに立ち入る立場にない。

また、電話に出た人物が本人である、という確証はない。宿泊時に保険証や住民票を提示してもらい、本人確認をするわけではないからだ。

たまたま、別な人が出て本人になりすますこともありうる。多くの者が働き、不特定多数の人が出入りする職場になるとなおのことだ。

忘れ物を取りに来たとき、その人にどういう形状か、色、素材、材質は、といったことを確認するにしても、別の人物に渡してしまうということも考えられる。一見さりげなくメモ風になっている機密書類もあるから安易には扱えない。

連絡ミスで別人のところに連絡してしまう恐れもある。その結果、その別人へ貴重品が渡らないともかぎらない。

そういった不慮のアクシデントを防ぐために、あえてホテル側からは一切、連絡しないのである。

忘れ物があっても連絡しない

忘れる前から存在を忘れている。
だから、忘れてしまう。
だから、どこに忘れたか思い出せない。
立ち寄り先に一軒ずつ連絡しなければならない。
その手間は大変だ。
それなのに、あえて連絡しないようにするのは、
結局、そのほうがお客さまに安心してもらえるからである。
連絡したい気持ちを抑える我慢もサービスのうちだ。

そうじができるまで五年はかかる理由

――見えないところに気を配るプロの技――

客室のそうじなど一カ月くらいで覚えられそうだ。コツはすぐに呑み込めるだろう。もし、そう考えたらそれはいわゆる素人考えである。プロとしておカネをいただき、それに見合う以上のおもてなしをしようというのだ。無償でおもてなしし、深い満足感を味わってもらおうというのだ。そんなに甘くはいかない。

帝国ホテルでいえば、新人はまず三カ月、みっちり研修し、その後、バスルームを担当、それからベッドメーキングも手がけ、最終的にベッドメイクの担当として一人前になるのに最低で三年、通常五年かかる。

実際、ベッドメーキングに立ち合わせてもらったが、たとえば、ピロー(枕)一つとっても、新しいカバーに入れる手際の良さは驚くばかりだ。カバーの四隅の端々まできちんと入れる。両肘を当てて厚みを均等にした上で、最後にふっくら感を出す。

枕を二つ重ねておくのはなぜか。下に固めの枕、上に柔らかめの枕を重ねておいて、お客さまに好みの枕を使っていただくためである。長年、いろんなホテルを使っていながら初めて知った。じつは、いつも重ねたまま使っていたのである。おそらく、これからもそうするにちがいない。

そうじと共に、さまざまな設備が正常に作動するかチェックすることも必要だ。水道の蛇口、電気のスイッチ、ラジオ、電話、モーニングコールや館内コールなど多岐にわたる。もし作動してもスムーズでなければ、部品の取り換えが必要だ。蛇口のパッキンを入れ換える。閉めたときの音や感触にまでこだわる。心地良くキュッと閉まり、一〇〇％水を切っていなければならない。カーテンについてもこれはいえる。

有料テレビもあり、海外の映画、海外・国内両方の成人ものも見ることができるようになっている。「ミッドナイト・シアター」といったソフトな表現にしてある。「格式を重んじる帝国ホテルでもこういうものを扱うのだ」と、妙にほほえましくなった。

いずれにしても、ただ作動するだけではなく、スムーズに作動するようにしている。

そのため部品交換は、最近、アウトソーシングするところが増えている。しかし、帝国ホテルでは専門の部署をおいている。施設部である。施設の整備や運用を担当している。

施設部は、帝国ホテル全体の熱や電力の稼動を管理している。約六〇〇㎡ある管理室の一角には、壁面一杯に系統図が表示され、現在の稼動状況がひと目で分かるようになっている。

エレベーターでいえば、どのエレベーターがどの階に止まっているのか、ドアがいま開いているのかどうか、すべて把握できるようになっている。

また、気象庁の協力を得て、全国の地震状況が分かる。発生と同時に情報をキャッチ、また、東京にもその地震波がくると予想されると分析するや、実際に地震がくる前に自動的にエレベーターが止まるようになっている。もちろん、直近の階まで上下し、その階で止まることはいうまでもない。アナウンスも行なう。

また、毎日、点検のため館内を回る。ボイラー（給湯用）を調べたり、弱電、補修などのためだ。弱電は電話、パソコン、インターネットなどの稼動状況に合わせて行なう。補修はテーブル、椅子、水道のパッキンなど多岐にわたる。

そういった設備、什器、備品の在庫兼作業室が三つある。

一つは工具関係で、二〇〇〇～三〇〇〇種類の道具がカテゴリー別におかれている。

水回り一つとっても種類が多く、パッキンだけでも二〇〇〜三〇〇種類揃えている。それが大型、底浅のロッカーに入れてある。

次は電灯だけの在庫室で、ハロゲンランプを含め三〇〇〜四〇〇種類ありそうだ。最後は木工室で、なにやら木材店に紛れ込んだ気持ちになる。

「ここは工具店ですか?」「いやいや帝国ホテルです」、「ここは電気屋さんですか?」「いやいや帝国ホテルです」、「ここは木工所ですか?」「違います違います。帝国ホテルです」

つい、そんなやりとりが浮かんだ。

とにかく、どれも本格的である。帝国ホテルの地下階、お客さまから見えないところに隠れた町がある。そんな感じである。

施設部では備品の貸し出しも行なう。お客さまの依頼で卓上ライトや懐中電灯、FAX、さらには、ジョギングシューズなどを貸し出したりする。これはハウスキーパーの仕事だ。

指輪をバスタブの排水口へ落とした、部屋でコンタクトレンズをなくした、ティッシュペーパーにくるんでおいた夫の遺品がない、といったような場合も出動する。

そうじができるまで五年はかかる理由

何を基準に一人前と称しているのか。
その基準を見れば、そのサービスのレベルが分かる。
ベッドメーキングといえば、
一週間もすれば一人前というところもあれば、
五年経たないと一人前と認めないところもある。
その仕事の差は歴然としている。

顔が見えないからこそ「表情」に注意する

――顔を合わせて話している以上の電話応対――

日本人には人の心の動きを生き生きと感じることができる、という能力がある。よく、「手にとるように心の動きが分かる」というではないか。

いまはそれ以上になっている。心の動きを目で見ることができる。そういっても過言ではないほど、その分野の感性が発達している。

野球でピッチャーとバッター、それにキャッチャーが読み合いをする。観戦するほうもそこに興味を持つ。だから、解説もそこに時間をさく。同じ集団の球技でも同時に多人数を相手にするようなサッカーやバレーボールが国際試合で振るわないのは、体格の違いもあるが、こういった高度に発達した感受性を十分に発揮できないからではないか。

このように感受性が発達しているだけに、なおのこと、人間として自主性、主体性を持つことが必要だ。そうしないと、その時々で、相手やその場の雰囲気に合わせて生きていく人間になってしまう。うまく活かすことができれば、高度で温かくキメ細かなサービスに結びつけることができる。

電話応対もその一つといっていい。電話の受付係は、声だけでコミュニケーションをとり、お客さまと顔を合わせることが一切ない。しかし、お客さまの声一つで、そのときの心の状態や動きが見える。とくに頭が澄み切っていたり、体調のいいときはそうだという。

帝国ホテルでは、一日に二〇〇本以上の電話がかかってくる。その中で最も多いのは道順に関する問い合わせだ。タクシーや車で乗りつけないことを恥じている場合もある。そういった心理状態を一瞬にして掴み、通常以上に温かくやさしく案内する。

ＪＲ有楽町、新橋、東京メトロの丸の内線銀座駅、有楽町線の有楽町駅、千代田線の日比谷駅など最寄り駅はいろいろある。その何番出口で出れば一番近いか、お客さまの乗車方向からして、その出口は前方か後方か真ん中か、出てからの道順と途中の目印などを逐一、伝えるようにしている。車についても同様だ。

案内地図をＦＡＸすることもある。あまり東京の地理にくわしくないのに知ったかぶりをしようとすると、その心の動きがすぐ伝わる。その場合、押しつけがましくならないようにしながら、さりげなく、くわしくわかりやすく説明する。

問い合わせの半数は外国人である。そのため、英語、フランス語、イタリア語、ドイツ語、中国語など、お客さまの名前のスペルを正しく聞きとれるよう厳しい訓練を積んでもいる。

お客さまはお客さまで、電話の受付係の女性の声だけで、帝国ホテルのサービスの質を判断する。ましてや、同じ日本人のお客さまならなおのことだ。声一つで、オペレーターの態度、姿勢、身だしなみ、体調、さらには人柄まで読みとりかねない。

ところが、目の前にお客さまがいないと、無意識のうちに気を抜きかねない。精神が散慢になりかねない。態度がだらけかねない。

電話交換台に鏡をおいているのは、そうならないようにするためだ。

さらに、お客さまと直接、会って話をするのと同様か、あるいはそれ以上にお客さまの心の動きを掴み、的確にキメ細かく応対するためにどれだけ神経を使っていることか。一回、一時間四五分くらいで集中が途切れる。休んで、一日六時間オペレーションを行なう。

実際に電話交換室を見せてもらった。女性だけのオフィスで、しかも、二四時間働いているため、セキュリティに万全を期している。たとえば、扉は驚くほど厚い。入ってすぐ履物を脱ぐようになっていて、部屋に上がると絨毯に足が吸い込まれる感じがした。それだけ厚みがあるということだ。

絨毯を敷いているのは音を吸収するためである。そう言われてみると、交換機のマイクで話しているオペレーターがいるのに、シンと静まり返っている。

一人に一台パソコンがおいてあり、そのパソコンで必要な情報を確認しながらキメ細かく説明をしている。その情報を見せてもらったが、とにかく、社内や館内情報、イベントや宴会情報、電車や車の道案内情報など多岐にわたる。

たとえば、最寄り駅や一番近い出口（番号）、そこからの所要時間、道順をどう説明するかくわしく明記してある。さらに、目印まで説明できるようにしてある。英文も明記してあり、それを読んで伝えることができるようになっている。

鏡はイメージしていたのとまったく違っていた。携帯用といっていいほどだ。各々、パソコンの前や横においている。持ってみて驚いた。じつに軽い。施設部で手づくりしているのだという。

顔が見えないからこそ「表情」に注意する

声だからこそ、
相手の人柄や性格、そのときの体調や姿勢が、
ストレートに伝わってくる。
逆にいえば、
こちらの小さな心の動きまで見透かされてしまう。
電話を介したサービスに、
ふつう以上に、神経を使わなければならないのはそのためだ。

見えない部分にこそ心血を注ぐ

――おもてなしを支える裏方の仕事――

不思議なことがある。見るからに勉強している人に比べ、それほど勉強しているように見えない人のほうが、より高度な試験に受かったりする。

なぜ、そうなるのだろう。前者は勉強を特別なことと位置づけているのではないか。後者は当たり前のこととして、日常生活の一環として取り組んでいるのではないか。さらにいえば、他の人からは見えない部分でも、当たり前のようにもの凄く集中しながら長時間、勉強している。

際立って傑出《けっしゅつ》している人の場合、不思議に自然体であるのはそのためだ。

これはサービスについてもいえる。お客さまの目につかない部分で、目につく部分の二倍、三倍といった労力を使っている。帝国ホテルはその代表的な例といっていい。

食材でいえば、品質を管理するためにチェック機能を三段階に分けて設けている。

まず、資材部が吟味して仕入れ、それを検品係がチェック、さらに、レストランや宴会のシェフが使うかどうか、どう使うか、どう料理するか判断を下す。

たとえば、牛肉を検品するのはブッチャーシェフだ。五、六キロで一塊りのフィレ肉の頭と尾の部分を研ぎ澄ました牛刀で一センチほど切り取る。それを目視し、手で握り、指で押したりして品質やその特性を見極める。それによって規格を決める。

規格はA５を最上級とし（五段階に分かれている）、肉の付き具合や脂身（霜降り）の多少、質によって決めていく。

重要なのは、熟成度である。いわゆる食べ頃だ。それを過ぎていると、いい肉でも、帝国ホテルの求めるものにマッチしない。一人として同じ人間がいないように、一つとして同じ肉はない。産地、月齢、かけ合わせの経歴によって違ってくる。

そういった知識、生きた眼を養うため、実際に、肉の卸業者に一年ほど出向もしている。

こういった陰のシステム、裏方の仕事はお客さまからは見えない。その見えない部分にどれだけ当たり前のこととして心血を注いでいるか、それが、実際のおもてなしに必ず反映される。

見えない部分にこそ心血を注ぐ

お客さまを直接、おもてなしするスタッフは、
お客さまに感謝するのと同じように、
裏方に感謝しなければならない。
感謝しているなら、それだけ、お客さまの立場にたち、
その目線で仕事を改善、改革するよう、
妥協せずに伝える必要がある。
それが裏で働く人たちに対する思いやりだ。

クオリティは幾重ものバックアップに支えられる

――「目で洗う」地下のランドリー工場――

「鼻から入る」「膝でそうじする」という帝国ホテルの口癖が好きだ。そういった一つに、「目で洗う」がある。まず、地下一階のランドリー工場に集められた洗濯物を検品係がチェックする。ポケットの有無を調べ、あればすべてのポケットを素早く、かつ丁寧に点検する。小さな忘れ物でも見逃さないためだ。クシャクシャになっているメモ用紙でも大切に保管し、確認したり、戻したりする。

お客さまの要望もタグをつけておく。「ＬＡＵＮＤＲＹ　洗濯」という記入用紙が各客室に備えてあるのだ。

点検は洗い場でもう一度行なう。ボタンの色や種類を確認する。取れそうなものは付け直す。欠けていたら、一〇〇種類あるボタン専用の保管ケースから同じものを探して付ける。そのため、最新のボタンも用意しておく必要がある。時間を見つけて、ボタンのおいてある店を回ったりもする。同じものがないと急いで探しに出る。

とくに女性は最新のファッションを身に纏《まと》う。そのため、クリーニング中にキズつけたりなくさないよう、ボタンの位置、縫いつけ方などを確認する。なんとそれをスケッチまでしておく。メモもとる。そして、いったん外して洗濯し、元に戻す。

シミ、脱色、変色、キズの有無も調べ、必要に応じてお客さまに確認し、対応する。

素材や色別に分類し、それぞれの素材、染めなどに合わせて洗濯する。汚れやすいものは高温で洗わなければならない。素材が繊細な女性の下着などは低温でないと傷《いた》みかねない。そういったことを幾重にも組み合わせて的確に洗濯の方法を選択しなければならない。そのため、すべての工程を覚え一人前になるのに五年を要する。

しかも、急を要することも少なくない。宴会に出席するために用意した衣裳が汚れているのに直前になって気づいた、というようなときである。

もちろん、機械は最新技術をとり入れたものを使っている。

だが、アイロンだけは六キロもある、古い電気アイロンを使っている。熟練していないと使えない。手間もかかる。そのかわり、素材の味わいを落とさないですむ。再生させることができるからだ。

クオリティは幾重ものバックアップに支えられる

厚みのあるサービス、深みのあるおもてなしは、
例外なくシンプルである。
そのシンプルさは、お客さまからは目に見えない人たちの、
幾重にもわたるバックアップによって成り立っている。
そういった人たちにも当たり前のように感謝し、
その感謝をカタチにしていくことが大切だ。

職人は科学者であれ

——知識を知恵として放射する裏方の人たち——

京都の高級老舗《しにせ》旅館といえば、すぐ連想するのは俵屋《たわらや》旅館だ。一泊四万円台〜七万円台でありながら、なかなか予約がとれない。老舗旅館というと、確かに風格を感じさせる。しかし、あちこちに傷みが出がちだ。風呂場に湯垢がこびりつくなど……。

ところが、俵屋は対極にある。高野槙《まき》でできた浴槽はもちろん、風呂場にある木板（簀《す》の子）なども艶《つや》やかだ。

それは風呂のそうじを担当している職人が、苛性ソーダと硫酸を配合したものを使っているからである。クリーナーにごくごく少量の苛性ソーダと硫酸を配合したものを入れて垢や錆《さび》や、カビがつかないようにしている。その配合の適否を口の中に入れて測っている。一瞬にして測り、すぐにはき出す。口が一番的確な量を知っている。長い経験の中で掴んだ知恵である。

日本人はとかく裏方の知恵より、地位の高い人の知識のほうを評価する。学術的な知識のほうが偉いと思う。

しかし、どんなに知識が豊富でも、それが知恵として燃焼されなければ意味がない。そういう点では、裏方として働く人は体を使って知識を試し、体そのものに知恵として溜め込む。そういった裏方で働く人たちの知恵を競うオリンピックがあってもいいのではないか。彼らは現場における科学者なのだ。

帝国ホテルのランドリー工場（直営）で働く人たちにもこれはいえる。

シミ抜きを例にとろう。まず、従業員はシミ抜き研修に一年かける。たかがシミ抜き、といわれかねない作業にもかかわらずである。

ところが、ランドリーに持ち込まれる洗濯物は一日約一〇〇〇～一五〇〇点、多いと約二〇〇〇点。ワイシャツ、ワンピース、カジュアルシャツ、スポーツウエア、パジャマ、ブラウス、セーター、ブラジャー、パンティ、ナイトガウン、ハンカチ、靴下、燕尾《えんび》服など、多岐にわたる。民族衣裳もある。繊維の種類も増えた。染色技術も複雑に分かれている。

さらにいえば、ホテルのレストランの新作料理で使った新しいソースが、服のシミになったりもするので、いま、どういうソースがあり、その原材料は何で、どのくらいの配合になっているのかという点も知っておかなければならない。そういった知識をまず得て、どういう洗剤をどう使えばいいのか、どういった洗剤をどう混ぜればいいのかということまで知っておく。繊維によっては温度を変える必要もある。

そういった対応を一瞬で見極め、すぐにシミ抜きの作業に入らなくてはならない。

つまり、彼らは単なる職人ではない。職人であると共にシミ抜きの科学者なのだ。表舞台に立つことのない偉人である。

実際、ランドリーに足を踏み入れさせてもらったが、シミ抜き一つとっても、そのための溶液がたくさん並んでいる。色落ちしないよう反応の弱いものからやってみる。そういった配慮も欠かさない。

ボタンやのり生地（当て生地）の種類も多い。これらは小さな底浅のロッカーに入れてある。ボタンでいえば、一つのロッカーに一二に区切ってある容器に種類別に入れてある。

カジュアル、スーツ、（ブラウス用の）金ボタン、あるいは貝ボタンなど多種多様だ。世界のファッションが集まっているから、世界のボタンを集めているともいえよう。

そう思うと感動する。

スチームアイロンについては、立体的な体型（マネキンまではいかない素朴なもの）に着せてクリーニング品を整え、そのあと平台にのせてスチームアイロンできれいにする。

もちろん、どれもクリーニング前にルームナンバーを入れて付箋《ふせん》をつけることはいうまでもない。

このランドリーの従業員は、誰もがきちんと気持ちよく挨拶をくれるではないか。外部と接する機会が少ないと、どうしても人に心を動かす反応が鈍りがちだが、まったく逆だった。

クリーニングするものは、お客さまそのものである、という気持ちで作業しているからにちがいない。

職人は科学者であれ

科学は自然の恵みを深く掘り下げて明確にしたり、
その恵みをより豊かにするためにある。
クリーニングという科学でも、これは変わらない。
そういう科学者が、
職人として裏方でどれだけ活躍しているか。
それがサービスのレベルの高さ、キメ細かさの指標になる。

第6章

伝統は乗り越えるために存在する

――一流を迎える証を持っているか

乗り越えてこその伝統

――常に時代に挑戦しつづける姿勢――

長い風雪を生き抜いてきた人の表情には、骨格がしっかりした古い建築のような、えもいえぬ古格《こかく》がある。長い時間を経る中で、自ずと腰がすわってきたようでもある。老舗にも同じことがいえる。時間の中に腰をすえている強みを持つ。さまざまな変動をかいくぐってきたものだけが持つ、品格のあるしたたかさといってもいい。それが伝統というものだ。

ただ、伝統に安住すると時代の変化に取り残される。お客さまのニーズの進化においてきぼりを食う。伝統が腐食《ふしょく》していく。伝統を鼻にかけたり過信したりすると、伝統に圧《お》しつぶされる。伝統を乗り越えたものだけが、伝統を受け継げる。伝統の重みを知り、伝統を輝かせることができる。

たとえば、名品といわれる陶器や名店といわれる老舗は、時間が経つにしたがって深い輝きを増す。

帝国ホテルは、本格的なホテルとしては、わが国で一番の老舗である。一八九〇（明治二三）年、伊藤博文内閣の外相、井上馨《かおる》の発案によって設立されている。井上は欧化主義を派手に掲げ、欧米要人と活発に交流する場として、鹿鳴館をつくり、日ごと夜ごとパーティを催した。

その鹿鳴館を舞台にした恋愛小説に三島由紀夫の『春の雪』（新潮文庫）があり、映画化もされている。

それにともない、「外国の要人をもてなす本格的な宿泊施設が必要だ」という井上の発案で、鹿鳴館の隣に設立されたのが帝国ホテルである。民間のホテルでありながら、もともと、国の政策というレベルで設立された経緯を持っている。

理事長は渋沢栄一、理事に大倉喜八郎ほか錚々《そうそう》たるメンバーが経営陣に名を連ねていた。井上馨や伊藤博文などは三日も空けず帝国ホテルを使ったという。

井上は一八六三（文久三）年、まだ徳川幕府が倒れる前、つまり、鎖国の時代に、長州藩の命を受け、伊藤とイギリスに留学（密航）している。そのせいか、洋風文化を前面に出した帝国ホテルに愛着を覚えたのだろう。とくに、洋食（フランス料理）

を好んだ。

当然、宿泊客は外国のＶＩＰが多かった。オープンした翌年の一一月には、フランス大統領の子息が宿泊、その後も毎年のように、大統領、首相、政府要人、王侯、貴族が来日し、宿泊した。以後、国賓クラスの要人をたくさん迎えてきた。二・二六事件に巻き込まれたり、戦後はＧＨＱに接収されたりもした。

何度も日本の歴史の表舞台にたっている。歴史とともに歩んできたホテルなのだ。

そして、オープンしてから一二〇年目にあたるいま（二〇一〇年）も、ホテル業界のリーディングカンパニーとして第一線で営業している。

それは、伝統に依存していないからだ。行動基準の一つとして挑戦を掲げているからである。

「帝国ホテルの未来への扉を開く鍵は〝挑戦〟です」

と『さすが帝国ホテル推進運動』で明言している。

ただ、長い伝統を持てば持つほどそのぶん、挑戦も積極的、かつ、徹底していなければならない。

乗り越えてこその伝統

最も伝統に魅力を感じるのは誰か。
そこに身をおく者である。
その魅力に包まれているうちに時代に取り残されていく。
その魅力を保ち、より輝かせるには、
伝統を乗り越えなければならない。
それによって初めて、
伝統が世の変動の中で受け継がれていく。

お客さまを区別する

―「VIP専用の出入口」を設けているのはなぜか―

こちらが最高のおもてなしをしたつもりなのに、相手はそれほどとは思ってくれないことがある。それが国賓級のお客さまだ。世界一洗練されていて、世界一わがままなことが多い。

そういったお客さまをおもてなしするため、帝国ホテルは本館内に専用の出入口を設けている。本館内のエレベーターは通路を隔てて四基ずつ、計八基あるが、そのうち二基を防弾壁で仕切り、専用にする。

この専用の出入口を国賓級のVIP、政府高官、護衛官、日本の警官などが通ったりする。専用通路、専用エレベーターにしても同じだ。

こういったVIP専用の出入口を設けているのは、わが国では、帝国ホテルだけである。

ただし、通常はそれとまったく気づかないカタチで開放されている。私自身、その仕組みを現場で教えられ、「なるほど」と感心した。

「戦後六五年経ち、民主主義が定着したどころか、民主放漫主義といっていいほどなのに、そんな差別をしているのか。時代錯誤も甚だしい」

と言われかねない。

しかし、それは的を外れた非難である。

もし、一般の正面出入口を使い、フロントでチェックインしてもらって、一般のロビー、通路を通り、一般のエレベーターを使ったらどうなるか。

大集団が割り込むことによって、一般のお客さまに迷惑をかけてしまう。一方で、警備を疎かにできないから、厳戒体制を敷くことを余儀なくされる。ものものしくなり、雰囲気をこわす。ピリピリした雰囲気にも包まれる。そうかといって警備を手薄にしたら、何が起こるかわからない。すでにテロが多発しているではないか。

つまり、明治時代から、たくさんの要人を迎えた結果、生まれた配慮なのだ。差別するためでなく、国賓級のお客さまや世界的な著名人にも、一般のお客さまにも、快適に使ってもらうための配慮である。

お客さまを区別する

地位や肩書、社会的立場によってお客さまを区別せよ。
それがお客さまと公平に接することにつながる。
また、服装、外見に関係なく、
すべてのお客さまを、心を込めて温かく、
自分の持てる最高のレベルを発揮しながら、
おもてなしせよ。

ＶＩＰのおもてなしから磨かれること

――信頼を損なわないために万全の体勢を――

大統領や首相、大臣などの国賓や、王族や企業経営者といったトップクラスは、インペリアルフロアに泊まる。本館の一四～一六階、タワー館の三〇、三一階だ。当然、どの客室も豪華だ。

このインペリアルフロアに泊まる国賓客を専門におもてなしする部署がある。ゲストアテンダントだ。全員、女性で、どのスタッフも専任である。

一般客の場合、ドアマン、ゲストサービス、フロント、客室係ほか分業化されているが、来賓客、ＶＩＰについてはゲストアテンダントが総合窓口になり、雑用を含めてサービスをマネジメントしている。

こういったＶＩＰに深い満足を持って過ごしてもらうため、いかに細かい配慮をしているか、国賓級のＶＩＰが宿泊される例をあげて紹介しよう。

まず、その二、三週間前から接遇のために事務局を設置し、そこに関係部署から数十名のスタッフが集まる。一般の企業でいえばプロジェクトチームだ。

そこで、まずくわしい情報を収集する。

好みの料理、味つけ、部屋の好みの温度、どういう新聞を差し入れたらいいか、そういったことまで事前に確認し、対応する。宗教上の理由から、日本では手に入りにくい肉を探し歩いて用意したこともある。

そういった国賓級の方々の日常をそのまま、さらにより豪華に、より洗練された形で提供できるようにするためだ。随行員も対象にしていることはいうまでもない。

かつて宿泊されていたら、ファイルで確認する。当然、VIP専用のファイルにデータを蓄積しているからだ。

そこには、日常生活を快適に過ごす上で必須なもの、ツールやその使い方などを、こと細かに記入しておく。

加湿器を設置していたほうがいいか。灰皿はどうか。どういう種類の枕がいいか。特定のことについて神経質になることはないか。たとえば、エアコンの音に極端に敏感であるといったことだ。

どのプロジェクトでもそうであるように、各部署間などの緊密なミーティングと連繋は欠かせない。

皇室の冠婚葬祭にともなうような行事の際は、同時に多くの国から国賓や王族が押し寄せる。昭和天皇の大喪《たいそう》の礼の際は、世界四〇カ国から多くの国賓、随行員が訪れた。その際は、SPや警察と連繋して予行演習までしたという。

会場へ出かけ、帰館する、その間の車の先導など、エレベーターや通路を含むすべてのシーンで、四〇カ国もの国賓、随行員がかち合わないようにしなければならないのだ。分刻み、秒刻みのマネジメントが必要だ。スタッフ同士、ひっきりなしに連絡し合わなければならない。

それをとどこおりなくやり遂げている。

それが、各国の要人の帝国ホテルに対する信頼につながっていく。

ＶＩＰのおもてなしから磨かれること

歩く、話す、くつろぐ、食べる、趣味に興じる、寝る……。
一人ひとり個性や好みが違う。
それが行動パターン化され、癖になる。
その癖に関する情報をいかに多く、
より踏み込んで集めることができるか。
さらに、あるかないかの痕跡から、
癖を見つけることができるか。
ＶＩＰに対するサービスの核心はここにある。
地味で軽視されがちなところに本質がある。

頂点を極めたら下り坂しかない

――いまに満足しないための挑戦と変革――

挑戦は痛みを伴う。

肉体の痛みが大きいと、脂汗が流れ、ときには我慢できないことさえある。心の痛みも、体の痛み以上にその痛みを実感することがある。挑戦するとはそういう痛みに耐えるということを意味する。

格好良いだけの挑戦は表面的な挑戦である。それは失敗に終わる。求めていた目標を達成できなかったことを意味する。形が変わらなければならなかった、仕事の進め方のパターンを細かいレベルまで変える必要があったのに、そうならなかった、ということだ。

本当の挑戦には不様《ぶざま》さがつきまとう。挑戦しているプロセスではそうだ。それを成功にまで持っていくことで、プロセスの段階では不様だったものが、感動のストーリーに変わる。途中で引き返したら、不様なままで終わる。

帝国ホテルというと、インペリアルという格や一二〇年以上の歴史という伝統にスポットが当たりがちである。

そういう面を持っていることは間違いないが、もう一つの面として、ホテルとしてわが国で初めて取り組み、導入したサービスも多いのだ。時代の流れやお客さまの生活パターンや価値観、ニーズの変化に合わせ、新しい時代を切り拓いてきた歴史も持っている。

歴史的建造物として名を残すようなライト館（現在、その正面玄関が明治村に保存されている）の建築、オープン翌年に行なわれたホテル内の結婚披露宴（穂積八束《ほずみやつか》法学博士と浅野財閥の創始者、浅野総一郎の令嬢）、あるいは有名なバイキング料理、結婚式、ディナーショーなどじつに多い。

サービス料金制度の導入もその一つである。

一九四〇（昭和一五）年のことである。当時、大学卒の初任給が六五～七五円、メインダイニングルームのウェイター（三〇～五〇歳）で月給五〇円くらいであるのに対し、グリルの二〇歳前後のウェイターやウェイトレスは一二〇～一三〇円だったという。これはチップが入る部署かそうでない部署であるかの差による。

そこで、サービスを一律の一〇%とし、そのかわりチップ不要としたのである。そして、入ってきたサービス料金を、全従業員に一律で払うようにした。

この制度はわが国に定着し、いまでは常識になっている。海外でも導入するホテルが出てきている。

帝国ホテルでは、他社に先駆けてこういった挑戦、変革をしてきている。

だからこそ、客室数九〇〇以上、孔雀の間など大小二六の宴会場、一七のレストラン・バー、数十の店舗を持つ巨大ホテルでありながら、七、八〇%台という稼働率を維持しているのだ。

もちろん、これからも、そういった挑戦、変革を全社あげてできるかどうかが問われている。

頂点を極めたら下り坂しかない

カッコ良く挑戦しようとするな。
その段階で失敗への手形を手にする。
そういうチャレンジにかぎって、
失敗したときに現実を直視しようとしない。
何事もなかったかのように見せる。
それが不様であることに気づかない。
その結果、一生、不様でありつづける。
失敗を直視し、乗り越えれば、
その不様さが感動のストーリーに変わる。

要望以上の要求を満たす
――おくゆかしいおもてなしで信頼を獲得――

ベーブ・ルース、マリリン・モンロー、ジャズシンガーで女優のジョセフィン・ベーカー、ヘレン・ケラー、チャールズ・チャップリン、ソフィア・ローレン、アラン・ドロン、マレーネ・ディートリッヒ、フリオ・イグレシアス、最近でいえばキアヌ・リーブスなど、帝国ホテルに宿泊したり定宿にしていた、あるいは、している世界的な著名人は多い。

マリリン・モンローは一九五四（昭和二九）年、夫、ジョー・ディマジオとの新婚旅行で来日している。

マリリン・モンローといえば、モンローウォークや『七年目の浮気』という映画でのスカートがめくれ上がるシーンなど、セクシー女優のイメージが強い。目を半開きにし、唇を突き出し気味にしたアップの表情など……。しかし、ふだんは、非常に物静かな女性だったという。

世界に名だたる著名人が宿泊したということは、それだけ帝国ホテルが信頼されている証《あかし》である。それは、高度で洗練されたサービスを受け慣れている人たちにも、深い満足を与えているということだ。

こういったＶＩＰの多くを、当時、おもてなし係の顔として名を知られるようになっていた竹谷年子さんが担当した。

写真でしかお目にかかったことがないが、おおらかでいながら、日本人らしいウイットもあわせ持ち、一切、邪念を持たず、おもてなしに精進し尽くしてきた人ならではの自信を感じる。その自信が温かい人柄の中に溶け込んでいる。

では、どんなおもてなしをしたのか。

たとえば、一代で財閥を築いたロックフェラーは極度に音に敏感なことで知られていた。そこで、ルームサービスで食器を運ぶ際、ナイフやフォークの下に必ずタオルを敷くようにしたという。テーブルクロスがあるにもかかわらずだ。

長旅のお客さまも少なくない。そういう場合、洋服のボタンがとれそうになっていたり、パジャマの股の部分の布が綻《ほころ》びがちである。そのため、クリーニングに出すよう依頼を受けると、そういった部分を意識的に見て、必要に応じ、その部分の補修を伝えておく。

ロシアのオペラ歌手、シャリアピンの要望を受けて、シャリアピン・ステーキを開発したことはよく知られている（それは竹谷さんの担当ではない）。

一九三六（昭和一一）年の冬、来日したシャリアピンは歯《し》槽膿漏《そうのうろう》にかかっていた。そのため、大好物のステーキが食べられない。とくに厚い肉はまったく受けつけない。このような状態でもステーキを食べられないものか。そうホテルのグリルに要望した。よほどのステーキ好きだったのだろう。おいしいステーキ一枚を口にするためなら、お札を何枚、財布の口から出しても惜しくなかったにちがいない。

当時の「ニューグリル」の料理長は、肉を薄くのばし、すった玉ネギに浸すアイデアを思いつく。すき焼きからの連想である。

それを口にしたシャリアピンは、そのおいしさに、ホテルに滞在中、毎日、そのステーキを食べたという。これが有名なシャリアピン・ステーキだ。

要望以上の要求を満たす

おもてなしについては、ノーと言ってはいけない。
「できません」を禁句にするだけではない。
必要なら、要望されていないことまでやれるようにせよ。
ただし、押し付けがましくならないよう配慮が必要だ。
「○○をさせていただいてよろしいでしょうか」
と事前に確認し、了解をとらなくてはならない。

慣れても狎《な》れることなかれ
——常に心地良い緊張感の中で仕事をするプロ魂——

同じようなことを繰り返し行なうと、やがて意識しなくてもこなせるようになる。体が学習する。頭で記憶を呼び戻す前に手足が覚えていて動き出す。だから、基礎練習のように同じことを何回も繰り返すことが重要である。それは、大切なお客さまをおもてなしする場合にもいえる。

だが、一方で、それは狎《な》れにつながりかねない。本来、張り詰めておくべき感性が弛《ゆる》む。鋭く回転させなければならない頭脳がだらける。ウサギのような素早い反応とカメのような用心深い目配りが必要なのに、ウサギもカメも手を抜く。

帝国ホテルでいえば、国賓や政府要人、世界的な著名人に対するおもてなしで培ったノウハウも、そういった対象になる。

以前、宿泊されたことのあるVIPなら、そのときのおもてなしから、お客さまがふだん、どのように過ごされているのか、どういう状態が最も落ち着いてくつろげるのか、その表情や言葉から読みとって記憶しておく。グラス、カップ、ソーサー、ベッド、料理などに残るお客さまの痕跡から推測する。

何をどういうとき飲んだか、温かいものか冷たいものか、季節や時間はどうか、頻度は、といったことがそうだ。ソフトドリンク、紅茶やコーヒー、ワインやリキュール類なども含む。イスラム教、ユダヤ教などの信者だと宗教食にこだわる場合もある。そういう食材を確保したり、おいしい料理法や好みの味つけも掴むようにしなければならない。

そうであるなら、さらにニーズが多様化しているいま、たとえばコーヒーなら世界の主だったブランドを揃え、ルームサービスでも提供できるようにしたらどうか。エスプレッソ、カプチーノなどのさまざまな種類を用意するとか。それでどのブランドが好みというだけでなく、そこから、酸味の強いものが好みとか苦みの強いものが好みといったことを把握しておく。

そうすれば、万一、好みのブランドがなくても、それに近い銘柄のコーヒーを出すことができる。お茶や紅茶についても同じことがいえる。

慣れても狎れることなかれ

頭で理解してから、体が覚えこむまでに、
長い時間がかかる。
それでいて、慣れてから狎れが生じるまでは、
時間がかからない。
慣れても緊張感が必要な理由はそこにある。
おもてなしに対する情熱を持つ一方、
いつも自分を客観的にみる冷静さが必要だ。

ＶＩＰのサービスを還元する

――長年培ったノウハウを一般のお客さまにも――

帝国ホテルにおいて、各国の首脳や随行員、王侯、著名人に対するおもてなしと、通常の一般客に対するおもてなしに差別はない。公平である。国内のＶＩＰはもちろん、外国のＶＩＰに対して心をくだいて蓄積したおもてなしのノウハウを、一般のお客さまに対するおもてなしにも反映させている。

巨大なグランドホテルでありながら、客室稼働率が高いのはそのためだ。サービスに対して目が肥えた国際的な来賓客に深い満足を与えるようなおもてなしをし、そのおもてなしの心、おもてなしのノウハウを一般のお客さま向けに反映させるのである。

一般のお客さまに深い感銘を与えて当たり前である。年輪を経た芳醇《ほうじゅん》な味わいの酒は、飲んでいる瞬間より、かえって、あとからじわじわと、深い味わいが体に染みわたってくるのに似ている。

本当に凄いサービスは、サービスと感じさせないものだ。

たとえば、帝国ホテルでは毎日、さまざまな宴会が行なわれている。宴会場は大小合わせて二六ある。

フロアアテンダントが通路で、「孔雀の間はどこですか、どう行けばいいでしょう」とお客さまに質問されたとする。

分や秒を争うような急用がないかぎり、迷わないですむ場所まで案内する。あるいは、その宴会場まで案内する。あるいは近くにいるスタッフに指示をする。

その際、「〇〇様と△△様のご披露宴ですね」と具体的に確認し、「本日はおめでとうございます。どうぞ」とひと言添えれば、お客さまの受ける印象が大きく変わる。そっけない印象でなく、心の温かさを、お客さまとスタッフの間に共有できる。

こういった心遣いは、国賓級や王侯、国際的な著名人が開催する、あるいは集まるパーティでは当たり前のことである。

VIPのサービスを還元する

各国の首脳や王侯、世界的著名人を、
うならせるようなおもてなしを、
日常の当たり前のこととして行なうだけではない。
そのおもてなしのノウハウを、
当たり前のこととして、
一般のお客さまにも適用することが重要である。

第7章

サービスと感じさせない「おもてなし」

——感動よりも「深い満足」がそこにはある

日本人らしいおもてなしとは何か

——もののふとしての姿勢をくずさない——

外資系との熾烈《しれつ》な競争に柔軟に対応していくには、帝国ホテルらしさをこれまで以上に明確にし、それをより具体化していくことだ。

では、帝国ホテルらしさとは何か。世界の文化と日本の文化の架け橋になってきたことではないか。サービスの提供という点では、欧米で発達したホテルのサービスのあり方を採り入れ、それをお客さまと直接、接する段階で、日本人ならではのおもてなしをすることではないのか。それを最も大胆に、鮮明に展開してきたのが、世界中でインペリアルホテルとして名を馳《は》せた帝国ホテルではないのか。

それでは、日本人らしいおもてなしとは何か。一つは、もののふとしての姿勢である。一つは、心の底からお客さまを思いやる心である。一つは、目の前のお客さまの心の動きを察知し、一瞬でも先回りして対応する敏感さである。

もののふというテーマについては、すでに触れておいた。

もののあわれを理解することも大切だ。われわれ日本人は、桜の美しさとそのはかなさを体感している。桜にかぎらない。それだけに、人の心のちょっとした美しさにもすぐ感応する。愛《め》でる。影響を受ける。参考にする。はかなさを受け入れているが故にとびきり温かい人間になる。

自らの人生を支えてくれた人を命を賭けて守る。恩を感じ、忘れない。それは、帝国ホテルでいえばお客さまである。そうであるなら、改めて、「お客さまに受けたご恩を大切にし、それ以上のお返しをしていこう」といったスローガンを掲げたらどうか。

恩という表現を使うと、「表現が古い」と反感を抱くかもしれない。しかし、いまお客さまとの関係を見直し、恩に新しい生命を吹き込むことはできる。

これからはお客さまにそういう強い恩を感じ、その恩に報いるよう最善を尽くすようにしたらどうか。そうすれば凛としていて、しかも温かい心を持ったスタッフが増えるにちがいない。料金をはるかに超えた部分で、無償のおもてなしができるにちがいない。

日本人らしいおもてなしとは何か

日本人ならではのおもてなしの精神とは何か。
一つは、もののふとしての姿勢である。
一つは、もののあわれを知る心である。
一つは、お客さまを思いやる姿勢である。
一つは、お客さまの心の動きを敏感に察知し、
機敏に対応する姿勢である。

ライバルが教えてくれること
――模倣でなく、自分らしさを高めるために――

その人らしさを推し測るのであれば、強力なライバルが出現したとき、どうするかを見るとよい。本性が出る。ひどい場合は、威張りながら逃げる、見栄を重視しながら撤退する。

ライバルが出現すれば、心が揺れ動き、不安になって当たり前である。しかし、相手の存在を無視したり、逆に自分らしさを見失ってはならない。ここでいう自分らしさとは、本来、持っている良質な個性の部分をさす。自分らしさを失ってまで相手の真似をしてはならない。

相手から学ぶことと模倣することとは異なる。学ぶとは、相手の優れた点を分析し、より自分らしさをレベルアップするために採り入れることだ。模倣は相手との違いを考慮することなく、ただ形だけ導入することだ。

前者はたとえば、豹《ひょう》のメカニズムを研究して跳躍力アップの参考にすることが当て嵌《は》まる。後者は、豹の皮を纏《まと》って豹のようになろうとするのに似ている。

第三の道もある。よくいえば泰然自若として従来のやり方をまったく変えない。わるくいえば無神経、相手の出現など眼中にないという傲慢な姿勢を貫く道だ。

ホテルでいえば、いま、外資系が次々に誕生している。かつて、帝国ホテル、ホテルオークラ東京、ホテルニューオータニが御三家といわれた。しかし、いまではマンダリン・オリエンタル、ペニンシュラ、リッツ・カールトンが注目されている。

当然、サービスのリニューアル、レベルアップも視野に入れている。その際、右顧《うこ》左眄《さべん》することなく、そうかといってライバルのサービスを無視することなく、学ぶべきところは学んでいかなくてはならない。それによって、これまで以上に帝国ホテルらしいおもてなしができるようになることを目指す。

「さすがは帝国ホテル」といわれる基準を全体としても部署ごとでも明確にし、そのイメージが目の前に現出するくらい具体的にし、それを基準に伝統を掘り起こし、再構築する。いま現在の生々しい課題を梃子《てこ》にしてチャレンジしてほしい。

その課題を強い痛みとして感じているかどうかが問われている。

ライバルが教えてくれること

競争を意識しすぎると、自分の課題を見失ったまま、
目先の問題に心が巻き込まれる。
その問題を解こうとして、
本来の課題を乗り越えることをおざなりにしかねない。
学ぶことから始めて模倣に終わる。
自分らしさや個性が失われる。

サービスはホテルの中にかぎらない
――大事なのはお客さまの人生にかかわるという視点――

日本における外資系ホテルの最たるものの一つがリッツ・カールトンだろう。平均的な客室でさえ五〇㎡以上ある。

サービスそのものもキメ細かい。靴を夜のうちに廊下に出しておくと、朝までにピカピカにして戻してくれる。それも無料だ。ルームサービスのワゴンは、お客さまが自分で廊下に出しておくことがある。しかし、リッツ・カールトンではよほどの例外は別として、廊下でワゴンを目にすることはない。ルームサービスの担当者以外でも、通りかかったスタッフがすぐ片づけるからだ。

こんなエピソードがある。アメリカ東部、ボストンのリッツ・カールトンでのことだ。かつてそのホテルで結婚式を挙げた夫婦が二〇周年を機に宿泊された。ところが、チェックインを済ませた直後、自宅から緊急電話が入った。留守番をしていた一二歳の娘さんと家政婦さんからだったという。家の周りで二人組の強盗が暴れたため、警察を呼んで事なきを得たが、恐くて不安で震えているという。そこで、二人は宿泊をキャンセルし、自宅に戻った。

自宅に戻り残念な気持ちに打ちひしがれていると、ホテルから荷物が届いた。中にはシャンパンとグラスが二つ、焼きたてのクッキー、バスローブが二枚入っており、カードも同封してあった。そこには、「結婚二〇周年おめでとうございます。お二人の力になれればと思いお祝いをお届けします。リッツ・カールトン・ボストンのスタッフ一同より」と書かれていたという。

この話は、リッツ・カールトン大阪の開業に参画した高野登（ザ・リーツ・カールトン・ホテル・カンパニー日本支社支社長）著『リッツ・カールトンが大切にする　サービスを超える瞬間』による。

ホテルでサービスというと、無意識のうちに館内におけるサービスに限定している。チェックアウト後のお客さまやキャンセルされたお客さまはサービスの対象から外している。それを、お客さまの人生にかかわる、という視点から、ときにはキャンセルされたお客さまにも積極的にサービスする。そういう点は学んでいくべきだ。

サービスはホテルの中にかぎらない

お客さまとの交わりを、
なぜ、館内（あるいは店舗内）に限定するのか。
その人の人生の一コマに参画する、
という意識を持てば、
ときには、館外（店外）での交わりを持っても、
不自然ではない。

サービスの進化を把握する

――危機感のない問題意識は現実的ではない――

ホテルでなくても日常の暮らしの中で、温かくてキメ細かいサービスを受けることが多くなった。

たとえば、新幹線だ。車内におけるワゴンサービス一つとってもそうだ。山形新幹線では斉藤泉さんという車内販売の女性が知られている。

釣り銭の支払いがすぐできるよう工夫している。

左右のポケットとも、ポケットの中を二つに分け、計四種の硬貨を用意し、すぐお釣りを出せるようにしている。硬貨は五種類あるから、かさばる一円は別に用意しておくのかもしれない。

始発駅で出発前に、寒くて早足の乗客が多いなら、「体が温まってほしい」と温いコーヒーを多めに用意する。

早朝なら、走行中の時間や気温を考えて対応する。季節の変わり目はとくに神経を使う。車内販売中、お客さまが買おうか買うまいか迷われていたら、しばらく進んでから振り返ってみる。そのほか、いろんな工夫をしている。この女性がパートであることに驚く。

このような女性をJR東海ではパーサーと呼んでいる。車内の巡回やグリーン車での車掌業務もこなすことが多い。

あるパーサーは、ボールペンとメモ用紙を常備している。最近は携帯電話が当たり前になり、車内で話す場合、マナーを守ってデッキへ出て話すことが多い。ところが、メモをしたいのにメモできない。そういうシーンによく出くわすという。その際、渡せるようにしておくのだ。

タクシーも変わってきた。

かつては、「人間という荷物を運ぶ運搬業」という意識だった。それが、「大切なお客さまを快適に目的地までお連れするサービス業」に変貌してきた。通常のタクシー料金で、帝国ホテル並みに、荷物をもう一人のお客さまという意識で扱うドライバーさえいる。

お客さまが降りられた後、換気するのはもちろん、日頃から、自ら整髪料に香りの強いものを使わない。消臭剤も用意しておくという。

ましてや、一般のホテルより料金の高い帝国ホテルは、これまで定着しているサービスを、帝国ホテルとしてはレベルの低いサービスとして位置づけ、全社をあげてより高度に、より温かくキメ細かくしていかなくてはならない。

ところが、宿泊の翌日、フロントでチェックアウトし、反対側のタワー館の出入口から出ようとすると、車やツアーバスを交通整理しているらしい二人組のスタッフに出会った。二人は話をやめてこちらを見たが、すぐに話のつづきを始めた。

フロントのないタワー館の出入口は、サービスの死角になっている可能性がある。昼間、デスクにいた女性に声をかけたが、事務に追われていて心ここにあらずだった。

たとえ帝国ホテルとしては例外のレベルとしても、こういう振る舞いをなくすことも全体のレベルアップにつながっていくはずだ。

サービスの進化を把握する

本当の現実を知ったら、
あまりの進化のスピードにあわてるはずだ。
たじろぐにちがいない。
危機感を持って当然だ。
問題意識を持っても危機感を感じていないとしたら、
現実を知らないからである。
危機感のない問題意識は、
立ち塞《ふさ》がる壁に穴をあけることができない。
それどころか、
壁にぶつかっていることにさえ気づかない恐れがある。

クレームのウラに真の問題が隠れている
――お客さまの本心がどこにあるかを知る――

ホテルのサービスの印象は、翌日、会計するときの応対でガラリと変わってしまうことがある。

それまでのにこやかな応対は一体、なんだったのか、幻だったのか、と思うほどそっけなかったりすることさえある。

先日、帝国ホテルに泊まった際は、会計担当の女性が、にこやかに「楽しくお過ごしいただけましたでしょうか」と声をかけてきた。固い笑顔でなく、その人柄から出ている自然なほほえみ、そのほほえみが、さらに自然に笑顔になっているような感じである。

凛とした中にもこういう人間味を強く感じさせる。これも日本人ならではのおもてなしといえる。温ったかい。その温ったかさを技術の力でレベルアップしている。

「楽しくお過ごしいただけましたでしょうか」と声がけするのは、お客さまの不平や不満を引き出す意味もある。

腹にたまっているものをそのまま持ち帰らず、はき出してもらう。そのために蛇口をひねる役目を持っている。

お客さまが腹にたまっているものを置いていってもらうのは第一歩にすぎない。それをクレームと受け取り、改善、改革に取り組むために、そうしたクレームを共有することが前提になる。そのためのコミュニケーションが求められる。

通常の業務では、スタッフ同士のコミュニケーションは濃密で円滑なのに、クレームとなると、情報は停滞し淀んだりして、サービスのレベルは低下していく。ヨコだけでなくタテの関係にもこれはいえる。

クレームを突発的な事故と見做《みな》す風土があると、いろいろ取り組もうとしても、声かけだけで終わる。そうではなく、日常業務の中でも最重要な業務という価値観が浸透していなければならない。

帝国ホテルでは、デューティーマネジャーという、クレーム対応の専門スタッフをおいている。各部署で処理できないようなクレームに対応している。

その場合、滞在中だったり館内におられたら、お客さまと直接会って、話を聞く。その中で、お客さまの心の動きから、クレームの真の原因を探し出し、適切に処置する。再発防止のための手を打つ。

たとえば、タワー館はその設計上ほかの客室が近くに見える。それはこちらも見えてしまうことを意味している。

「プライバシーが侵害される」と、お客さまからクレームがついたとしよう。場合によっては本館に移ってもらうつもりで話してみたら、自分の姿が他の人に見られることは、じつはイヤではなく、客室まで案内したゲストサービスの態度に腹を立てていた、といったこともありえる。

そうした対応は、お客さまの心の動きをあたかも自分の心の動きであるかのごとく、手にとるように察知できるか否かにかかっている。

感性、感受性を前面に出し、サービスの技術によってより的確によりキメ細かく、お客さまが心の底でしてほしいことをやれるようになる。

それが望ましい。

クレームのウラに真の問題が隠れている

クレームに対しては真摯《しんし》に話を聞き、
機敏に処理しなければならない。
結果もきちんと伝えることが必要だ。
しかし、実は、クレームの陰に本当の不満が隠れていることがある。
その不満が客観的にみて私的すぎる、
あるいは細やかすぎるということで、
本当の不満を代替させていたりする。
だから、クレームを聞くときは、その心の動きに耳を傾けよ。

心に届く「おくゆかしさ」

――カギとなる現場スタッフの意識――

帝国ホテルでは、エレベーターは本館に八基、タワー館に四基、計一二基ある。各々、通路を挟んで向かい合わせてある。そのどのエレベーターに乗っても、真正面の壁面にバラが一輪挿《ざ》しになっている（車椅子で乗れるエレベーターでは両横においてある）。

バラといえば、どういう姿を連想するだろう。帝国ホテルのバラは蕾《つぼみ》が開きかけた瞬間のものだ。花弁はまだ内を向いている。開こうという意思を形にした瞬間といったほうがいい。まだ内側を向いて閉じている花弁の色を、わずかにうかがい見ることができる。薄紫がかったピンク色だ。どの花も同じ色、同じ形状、同じ茎の長さをしている。「もしかして、造花ではないのか」と思い、触わって確かめようとしたら、生花だった。しかも、毎日、新しいものと差し換えているという。一日に水を三、四回入れ換え、失くなっていたらすぐ新しいものを用意する。

開いている花を使わないのは、花に自己主張させないためにちがいない。

帝国ホテルは、おくゆかしさを優先しているのだ。温かい思いやりを徹底しながら、おくゆかしくおもてなしする。この点をさらに徹底していくことによって、帝国ホテルらしさを高めることができる。

しかし、各階ごとにエレベーターの乗降口で待機している女性に、そういった思いやりが浸透しているだろうか。宿泊するため、エレベーターに乗った。その際、ドアが閉まるとき、担当している女性（エレベータースターター）が頭を下げた。深々と下げたまではいい。

ドアが閉まる直前、頭を上げ首を右へ曲げたため、左の横顔が見えた。そのとき、私のことは完全に意識から抜け出ていた。ゾッとするほど冷たい表情になっていた。

こういう現場のスタッフの意識を変えていかないと、帝国ホテルのサービスは劣化していく。

トップは現場を毎日、歩いているのだろうか。もし、そうでなかったら、館内を一人で気さくに歩くことだ。近くを歩いているお客さまの話にも耳を傾けるべきである。

心に届く「おくゆかしさ」

思いやりは主体的、自主的な行動だが、
自己主張することではない。
自己主張にならないようにするには、
おくゆかしくすることを心がける。
おくゆかしくあることによって、
自己主張する以上の影響を、
お客さまに与えることができる。

季節とともに生きる

――日本人らしいキメ細かな感受性――

日本人の感受性は特異な発達をしてきた。季節のうつろいに対してもそうだ。自然のさまざまな現象についてもいえる。

雨一つとっても、その表現はいかに多様なことか。俄雨《にわか》、霙《みぞれ》、小雨、小糠雨《こぬか》、五月雨《さみだれ》、天気雨、豪雨、驟雨《しゅうう》、沛然《はい》とした雨、霧雨《きりさめ》……。

相手の心の動きを感知する点についても、抜きんでて感受性が発達している。日本人が最も日本人らしい特性は、この部分で際立っているのではないか。

そうであるなら、この感受性をさらに活かして、お客さまをおもてなししていくことである。

たとえば、帝国ホテルではレストランのグリーターの対応に、感受性を活用している。グリーターとは「お客さまを出迎えて案内する人」という意味だ。レストランではないが、アメリカのディスカウントチェーンで世界最大の小売業者であるウォルマートでは全店、出入口でグリーターが控えていることはよく知られている。

レストランで、グリーターが対応する際に、お客さまの要望があればその席へ、常連客であれば、いつもの席へご案内する。

しかし、そうでない場合、お客さまの表情や雰囲気から、「どうしてほしいか」を察知する。熱々の恋人、恋人になりたてのようなカップルなら、隅のほうの席へご案内する。お見合いであれば、隅のほうで、しかも、少し他から離れた席を考える。個室の利用を提案してもいい。

カップルでも落ち着いていて、情熱より信頼で結ばれているようなら、それほど席を気にすることはない。

ホテルの高級レストランの利用は初めてで、不安そうだったり、臆《おく》しているようだったら、他の客の視線にあまりさらされないような席を用意する。入口近くの席ということもありえる。

メニューについて質問を受けた場合に備え、料理を試食しておく。ただし、高級な原材料を使い、手も加えているから、一品試食一回の決まりだという。その味を舌で覚え、お客さまに的確に伝えていくために、神経を集中させなければならない。

その一方で、フロアの真ん中やその周辺は、座るお客さまによって、フロアの雰囲気が変わる。明るければ明るい雰囲気、華やかなら華やかな雰囲気になる。逆にならないよう、さりげなくマネジメントもしていかなければならない。

また、ゲストサービスがフロントから部屋へご案内する際、手荷物を預かる。しかし、中には、「いいから」とおっしゃったりする。それが、遠慮のためなのか、一度だけ遠慮してみせているのか、手放せないような重要なものが入っているのか、潔癖《けっぺき》のために渡したくないのか、一瞬にして心の動きを読んで、適切に対処しなければならない。

その積み重ねが、ホテルのイメージを左右する。

こういった部分にこそ、日本人の最もキメ細かなおもてなしの姿が表われる。

季節とともに生きる

表情、態度、声、そのあるかないかのわずかな変化から、
一瞬にして相手の心の動きを察知する。
その日本人ならではの感性をさらに研ぎ澄ませば、
一人ひとりのお客さまの時々刻々変わる要望に、
的確に応えることができるようになる。

思いやりをプロの技術に昇華する

――サービスを超えた触れ合いの始まり――

笹《ささ》だんごや粽《ちまき》は、私の故郷である新潟県の特産である。笹だんごは、こし餡《あん》の入ったたんごを笹でくるんだものだ。だんごは俵型で、真ん中のところがわずかにくびれていたりする。これは、だんごをくるんだ笹がほどけないよう縛った菅《すげ》の紐の跡かもしれない。笹は殺菌効果、保存効果を持つ。また、蒸すことによって増すその香りを楽しめる。

いまでは家庭でつくることがなくなった。少なくとも、私の知るかぎりそうである。私の実家でいえば、私が子供の頃、六月だったか七月だったか、町の祭礼の前日あたりになると、母が嬉しそうにしてつくっていたのを想い出す。木製の巨大な皿型の臼《うす》に、米やよもぎなどを入れて体を律動させてつくっていた。

笹でくるみ、菅で縛り、紐同士を結んで五個とか一〇個を一束にする。

祭の当日、およばれでやってきた親戚はもちろん、立ち寄った近所の人たちやお客さまにももてなした。小さな店で米を商っていたのである。その人たちが、眉や目、頬を緩ませておいしそうに食べるのを見て、母はまるで自分で食べてそのおいしさを味わっているかのように喜んでいた。

最近は、家族単位で呼んだり呼ばれたりしなくなった。それでも、おいしいものが届くと、隣近所や友達におすそ分けしたりする。

来客があると、お客さまをおもてなししている間に、玄関の靴をすぐ覆けるような位置に移動させた上で、揃えたりする。それとなく磨く。極端なほどピカピカにしない。それでは、「あなたの靴は汚れていますね。よくこんな状態のまま放っておきますね」と暗に非難することになりかねないからだ。雨の日なら大丈夫だ。「泥がついていたので、さしでがましいようですが、落としておきました」とか。

帝国ホテルでいえばどうだろう。

たとえば、お客さまが滞在されている場合、そうじに入っていろんなものが乱雑においてあっても、そうじはそうじとして電話器の下、ベッドの下まで徹底して行なうとしても、あえてそのままにしておく、といった点をあげることができる。

ホテル側でイメージしている居心地の良さ、快適さではなく、お客さまの感じる居心地の良さ、快適さを優先しているからである。手を加えない、何もしないことが思いやりの表明になっている。

それも、そうしなければならないという心の動きではダメだ。日本人が元々、持っている温かい思いやりを、どれくらいプロの技術で高めることができるかが問われている。

プロではあるけれども、プロだからやっている、サービスを提供する場だからやっているというのではまだ十分といえない。

もともと持っている温かい思いやりをプロの技術で高め、それによって人間性が深まり、キメ細かい配慮を当たり前のようにしている。その人がたまたまサービスを提供する場で仕事をしている、というレベルこそ望ましい。

サービスと感じさせないほど、その人の人間性としてプロの技術を身に付けたとき、お客さまは素晴らしいサービスを受けたと感じ、深い満足を味わう。しかし、それ以上に、味わい深い人物に触れることができたことをかみしめる。

そのとき、サービスを超えた触れ合いが始まる。

思いやりをプロの技術に昇華する

思いやりの心に技術をつぎ足すのではない。
プロの技術によって、思いやりの心そのものをより深めるのだ。
よりレベルアップするのだ。
それによって人間性に温かみが増す。深みが出る。
技術が人間性にとり込まれることによって、
技術が技術でなくなる。

エピローグ

心には温度がある。

だから熱くなることもある。

非常にレベルが高く、キメ細かい、しかも心からの温かいおもてなしを受けると、熱くなる。感動や感銘を受ける。より深い満足にもつながる。凍《こお》った心を溶かし、それが涙になって外に出たりする。温かい心を溶かすと熱い涙になる。

それによって、おもてなしされるほうはもちろん、おもてなしする側も心が豊かになっていく。骨組みが大きくしっかりした、凛とした生き方の中で、おもてなしを追求し、料金以上の価値を提供し、その無償のサービスの部分がより濃密でより大きくなるよう、創意・工夫をつづけていくことで、心が豊かで凛とした人柄ができる。

その豊かさ、凛とした姿勢が体の中から光を発する。それは周りの人に影響を与えずにおかない。

たとえば、帝国ホテルでおもてなしの代名詞のようになっている竹谷年子さんは、定年退職後もホテルに乞《こ》われて八〇歳過ぎまで勤めあげた。

最晩年は戸越から川崎の郊外に移ってきた。花が多く町並みも美しかったという。隣に妹夫婦や姪《めい》の家があったことも、ここに引っ越した理由だろう。

毎朝、五時か五時半に起き、ラジオ体操をしてから朝食を準備、それを食べて六時頃、家を出て、近くの駅までバス通勤をしていた。

すると、必ず決まって座席が一つ空いていたという。早朝だからと思っていたら、ちがっていた。同じバスに乗り合わせた人から、竹谷さんのためにみんなが席を空けておいてくれたことを知った。

これは、川崎の住民がみんなやさしかったからにちがいない。しかし、もう一つ、年配の竹谷さんの中の、温かくて大きな心の豊かさと凛とした生き方をみんなが感じ取ったからだろう。気さくでいながら、そうした光を放つ竹谷さんの姿に、周りがごく自然に動かされた。そういう面もあるはずだ。

深みのある人柄ということもできる。

高度でキメ細かいサービスの技術を身につけるだけでなく、人柄そのものまで変えていく、深みを増していく。

私たちは、その道こそ選んで進むべきだろう。

参考にさせていただいた資料は次の通りです。

『帝国ホテル　百年の歩み』　編集・発行帝国ホテル
『帝国ホテル　おもてなしの心』　帝国ホテル編　學生社　1995年
『帝国ホテルが教えてくれたこと—笑顔が幸せを運んでくれる』
竹谷年子　大和出版　1999年
『客室係がみた帝国ホテルの昭和史』　竹谷年子　主婦と生活社　1987年
『帝国ホテル　感動のサービス』　ダイヤモンド社編
宇井洋著　ダイヤモンド社　2000年
『3分間サービス・接客基本チェック—帝国ホテル流もてなし上手になるヒント集』
帝国ホテル営業企画室　日本実業出版社　1992年
『リッツ・カールトンが大切にする　サービスを超える瞬間』
高野登　かんき出版　2005年
『帝国ホテル　伝統のおもてなし』　川名幸夫著　帝国ホテルホテル事業統括部
日本能率協会マネジメントセンター　2006年
『武士道—人に勝ち、自分に克つ強靭な精神力を鍛える』
新渡戸稲造著　奈良本辰也訳　三笠書房　1993年
『サービスの達人たち—ヘップバーンを虜にした靴磨きからロールスロイスのセールスマンまで』野地秩嘉　新潮社　2001年
『俵屋の不思議』　村松友視　幻冬舎　1999年
「銀座の達人たち」　早瀬圭一　『小説新潮』　2006年7月号
「還暦ドアマン7冊の業務日誌」　玉谷恵利子　『WiLL』　2005年3月
「老舗の“隠し味”」　芦部洋子　『週刊宝石』　1999年8月
「創業の精神、加賀屋会長小田禎彦」（インタビュー）『致知』　2005年2月
「世紀末、東京ホテル事情」　桐山秀樹　『東京人』　1995年11月
「私の空間旅行、帝国ホテル編」　麻生圭子　『東京人』　1992年6月
「最上級の銀座物語」　『婦人画報』　2005年5月
「JALとオークラのサービスがダメになった理由」
大前研一　『サービスの花道』　2006年7月

ほか、多くの資料を参考にさせていただきました。
末尾ながらお礼申し上げます。

本書は、二〇〇七年に刊行された『帝国ホテル　王道のサービス』（インデックス・コミュニケーションズ）を大幅に加筆、修正し、再編集されたものです。

国友　隆一（くにとも・りゅういち）

1965年、中央大学法学部卒業。専門紙記者などを経て1990年、㈱ベストサービス研究センターを設立。現場で生じている課題をどう解決すべきか、論理的、かつ具体的に提案することで知られる。現在は、京都大学大学院非常勤講師を経て、執筆・講演・コンサルティングや公開セミナーも主催するなど各方面で活躍中。著書は『取締役になれる人部課長で終わる人２』（弊社刊）、『セブン‐イレブン流心理学』（三笠書房）『コンビニが流通を変える！』（ダイヤモンド社）『消費者心理はユニクロに聞け！』（ＰＨＰ研究所）など、110冊以上ある。

リュウ・ブックス
アステ新書

RYU BOOKS ASTI

帝国ホテル　サービスの真髄

2010年11月５日　初版第１刷発行
2011年２月21日　初版第６刷発行

著　者　国友隆一
発行人　佐藤有美
編集人　渡部　周
発行所　株式会社経済界
〒105-0001 東京都港区虎ノ門1-17-1
出版局　出版編集部☎03（3503）1213
出版営業部☎03（3503）1212
振　替00130-8-160266
http://www.keizaikai.co.jp/

装幀　岡孝治
表紙装画　門坂流

組版　後楽舎
印刷　㈱光邦

ISBN978-4-7667-1101-1